Remerciements

Aux îles de la Madeleine : le groupe C.T.M.A., représenté par Monsieur Emmanuel Aucoin, directeur général des opérations, qui nous a transportés ; La Marée Haute, Patrick Mathey et son équipe qui nous ont si bien reçus ; Carole et Ghislain de La Fouineuse Antiquaire ; Johanne Vigneault de La Table des Roy ; Berthe Vigneau de La Corporation des Acadiens ; l'auberge-restaurant La Petite Baie ; Madame Linda Martinet ; Madame et Monsieur Josie et Louis, qui nous ont permis, en nous prêtant des accessoires, leur résidence ou leur commerce, de faire les photos ; Dominique Gagnon et Brigitte Léger du Bon goût frais des îles ; Ferland au quai d'Étang-du-Nord ; Monsieur Willy Lebel (ci-haut, à gauche), personnalité des milieux de la pêche et spécialiste des loups marins. À Montréal : Madame Francine Larochelle et Madame Colette Villeneuve, pour leur travail soigné ; Monsieur Richard St-Pierre, pour la fourniture des poissons de la poissonnerie La Mer ; « Chez Louis », pour la fourniture des fruits et légumes ; Monsieur Julien Bartolucci pour certains dessins des poissons.

poissons

Photos : Pierre Beauchemin
Styliste culinaire : Myriam Pelletier
Styliste accessoiriste : Luce Meunier
Révision : Monique Richard
Infographie : Chantal Landry

Catalogage avant publication de Bibliothèque et Archives Canada

Grappe, Jean-Paul

Poissons

(Tout un plat!)

1. Cuisine (Poissons). I. Titre. II. Collection.

TX747.G72 2006   641.6'92   C2006-941652-4

Pour en savoir davantage sur nos publications,
visitez notre site : **www.edhomme.com**
Autres sites à visiter : www.edjour.com
www.edtypo.com • www.edvlb.com
www.edhexagone.com • www.edutilis.com

09-06

© 2006, Les Éditions de l'Homme,
une division du groupe Sogides,
filiale du Groupe Livre Quebecor Média inc.
(Montréal, Québec)

Tous droits réservés

Dépôt légal : 2006
Bibliothèque nationale du Québec

ISBN 10 : 2-7619-2085-6
ISBN 13 : 978-2-7619-2085-8

DISTRIBUTEURS EXCLUSIFS :

• Pour le Canada et les États-Unis :
MESSAGERIES ADP*
955, rue Amherst
Montréal, Québec H2L 3K4
Tél. : (514) 523-1182
Télécopieur : (450) 674-6237
* une division du Groupe Sogides inc.,
  filiale du Groupe Livre Quebecor Média inc.

• Pour la France et les autres pays :
INTERFORUM
Immeuble Paryseine, 3, Allée de la Seine
94854 Ivry Cedex
Tél. : 01 49 59 11 89/91
Télécopieur : 01 49 59 11 33
Commandes :   Tél. : 02 38 32 71 00
              Télécopieur : 02 38 32 71 28

• Pour la Suisse :
INTERFORUM SUISSE
Case postale 69 - 1701 Fribourg - Suisse
Tél. : (41-26) 460-80-60
Télécopieur : (41-26) 460-80-68
Internet : www.havas.ch
Email : office@havas.ch
DISTRIBUTION : OLF SA
Z.I. 3, Corminbœuf
Case postale 1061
CH-1701 FRIBOURG
Commandes :   Tél. : (41-26) 467-53-33
              Télécopieur : (41-26) 467-54-66
              Email : commande@ofl.ch

• Pour la Belgique et le Luxembourg :
INTERFORUM BENELUX
Boulevard de l'Europe 117
B-1301 Wavre
Tél. : (010) 42-03-20
Télécopieur : (010) 41-20-24
http://www.vups.be
Email : info@vups.be

Gouvernement du Québec – Programme de crédit d'impôt pour
l'édition de livres – Gestion SODEC – www.sodec. gouv. qc. ca

L'Éditeur bénéficie du soutien de la Société de développement des
entreprises culturelles du Québec pour son programme d'édition.

Le Conseil des Arts du Canada
The Canada Council for the Arts

Nous remercions le Conseil des Arts du Canada de l'aide accordée
à notre programme de publication.

Nous reconnaissons l'aide financière du gouvernement du Canada
par l'entremise du Programme d'aide au développement de l'in-
dustrie de l'édition (PADIÉ) pour nos activités d'édition.

tout un plat !

poissons

Jean-Paul Grappe

Photographe : Pierre Beauchemin

LES ÉDITIONS DE L'HOMME

L'équipe, de gauche à droite:
Luce Meunier, styliste accessoiriste;
Jean-Paul Grappe, chef de cuisine et professeur, ITHQ;
Myriam Pelletier, styliste culinaire;
Pierre Beauchemin, photographe culinaire;
Julie Léger (derrière l'appareil photo), photographe.

LA CONSOMMATION DU POISSON AU QUÉBEC

Dans le passé, le fait de consommer du poisson était une obligation familiale et religieuse, souvent difficile à accepter. La «corvée» du vendredi, journée maigre pour la communauté catholique, obligeait la famille à s'attabler devant des repas alors considérés comme bien «pauvres».

De nos jours, on redécouvre la valeur des produits de la pêche, même s'il subsiste encore certaines appréhensions en ce qui concerne le poisson en général et à l'égard de certaines catégories de produits maritimes en particulier. Pourtant, les poissons devraient être considérés comme des produits aussi «nobles» que peuvent l'être les homards, les crabes ou les crevettes. D'ailleurs, la fine cuisine a toujours réservé une place privilégiée aux produits de la pêche, dans ses menus gastronomiques. Tous les livres de cuisine, qu'ils soient anciens ou modernes, consacrent autant de descriptions de préparations soignées aux chairs marines qu'aux chairs terrestres. Quelques grands chefs ont même vu leur art consacré en préparant seulement des plats à base de poissons et de crustacés.

Le Québec est un territoire très riche en produits de la pêche et on y trouve d'innombrables espèces de poissons, qu'il s'agisse de poissons d'eau douce ou de la mer. De plus, les marchés québécois regorgent de poissons importés provenant des eaux chaudes du Sud. On déplore en revanche une méconnaissance des produits maritimes de la part de la majorité des gens. On ne connaît généralement que les noms de quelques poissons, sans pouvoir leur attribuer une forme ou une couleur. On hésite aussi à les cuisiner, pour diverses raisons, d'abord, par manque d'informations au sujet de leur préparation.

Au cours des décennies passées, on ne trouvait souvent sur le marché québécois que des poissons surgelés ou plus simplement congelés. Quelques pionniers, des poissonniers et un petit nombre de restaurateurs avant-gardistes ont décidé, depuis quelques années, de valoriser le poisson et de redonner aux consommateurs le goût d'en savourer. En outre, ces restaurateurs optent de plus en plus pour le poisson frais et c'est tout à leur honneur. Les transports modernes, plus rapides, permettent d'ailleurs de s'approvisionner en produits frais, tout au long de l'année. Les poissons arrivent à destination dans un délai de 24 à 36 heures après leur arrivée au quai. Bien entendu, l'éloignement des grandes métropoles peut rendre difficile l'approvisionnement en poissons frais. Dans ce cas, il importe d'user de vigilance en choisissant bien et en vérifiant l'état des produits achetés, qui peuvent être surgelés, par exemple. Ainsi, il faut prendre garde de ne pas se procurer du poisson décongelé en croyant acheter du poisson frais.

Depuis que la nutrition constitue une des préoccupations premières des personnes qui surveillent leur santé et depuis que les diététiciens et les nutritionnistes propagent leur savoir, le poisson a repris sa vraie place dans l'alimentation. Comme la viande et la volaille, le poisson contient beaucoup de protéines. Il peut donc aisément remplacer le bœuf, le porc ou le poulet et servir d'élément de base à plusieurs repas dans une même semaine.

Certains ont l'impression que le poisson nourrit moins que la viande. Cette illusion découle du simple fait qu'il se digère plus facilement. La chair de poisson ne contient que 5% de tissus conjonctifs comparativement à 14% dans le cas de la viande. De plus, le poisson ne comporte pas de fibres indigestes. Les essais en laboratoire ont d'ailleurs prouvé que 90% des protéines du poisson sont digérées.

Pour les personnes qui surveillent leur poids, le poisson présente l'avantage de fournir beaucoup moins de calories que la viande. Il faut évidemment préciser que cette affirmation est valable seulement si le poisson est apprêté de façon simple et cuit dans un court-bouillon, à la vapeur ou sur le gril. Bien entendu, on déconseille la friture aux personnes qui suivent un régime à basse teneur en calories. De plus, il faut signaler qu'il peut être profitable pour ces personnes de bien choisir les poissons qu'elles consomment, car ceux-ci se subdivisent en deux catégories, soit les poissons maigres et les poissons gras.

GUIDE D'ACHAT DES POISSONS FRAIS

Pour connaître la qualité des poissons frais, il importe d'observer certains aspects qui caractérisent leur état de fraîcheur.

Odeur : La plupart des poissons de mer frais dégagent une faible odeur de marée, sauf la raie qui présente parfois une légère odeur d'ammoniac. Quant aux poissons d'eau douce, ils exhalent une odeur d'herbes aquatiques.

Corps : Le corps des poissons frais doit être rigide, ferme et d'aspect brillant.

Œil : Le poisson frais possède un œil clair, vif, brillant et de forme convexe, occupant toute la cavité de l'orbite.

Peau : La peau des poissons frais est tendue et adhère bien aux arêtes.

Écailles : À l'état frais, les poissons sont recouverts d'écailles brillantes, fortement collées à la peau.

Branchies : Les branchies des poissons frais doivent être brillantes et humides et présenter une couleur rose ou rouge sang. Néanmoins, les branchies de certains poissons de mer comme la sole ont une teinte moins accentuée, tirant sur le bistre.

Chair : Lorsqu'on y exerce une pression du doigt, la chair des poissons frais doit être ferme et élastique. Elle peut être blanche, rose ou rouge, dans le cas de certaines espèces de thon. Lorsqu'on la coupe, la chair des gros poissons de mer a une apparence satinée.

GUIDE D'ACHAT DES POISSONS CONGELÉS

À l'achat de poissons congelés ou surgelés, il importe de faire preuve de vigilance. Ainsi, il est préférable d'acheter les poissons emballés sous vide qui portent la dénomination «produit surgelé». Idéalement, la date de surgélation devrait figurer sur l'étiquette, ce qui permet de déterminer le temps de conservation du poisson (voir tableau, p. 11). Certains poissons peuvent avoir été mal congelés et d'autres ont pu être recongelés. Il faut donc surveiller attentivement l'apparence des poissons congelés qui ne devraient présenter ni teinte brunâtre ni meurtrissures sur les parties les moins épaisses.

MÉTHODE DE CONSERVATION DES POISSONS FRAIS

Après avoir pris bien soin de vérifier la fraîcheur du poisson lors de l'achat, il importe de bien le conserver. Bien entendu, on ne peut garder le poisson à l'état «frais» pendant plus de 4 à 5 jours, même s'il a été sanglé dans les meilleures conditions, à une température constante entre 0 °C et 4 °C (32 °F à 39 °F). À défaut d'un réfrigérateur comportant un tiroir conçu spécifiquement pour la conservation des poissons (tiroir à poissons), il faut sangler les poissons. Cette méthode consiste à disposer une grille recouverte d'un linge dans un bac en plastique (ou autre), à y déposer les poissons frais, à les recouvrir d'un autre linge, puis à déposer sur le tout de la glace broyée ou en cubes. Les poissons ne doivent pas entrer en contact avec la glace, car celle-ci risque de «brûler» les chairs. De plus, les poissons ne doivent pas tremper dans l'eau provenant de la fonte de la glace. Il faut donc vider l'eau régulièrement, rajouter de la glace au besoin et conserver le tout au froid.

CONSERVATION DES POISSONS CONGELÉS

Tous les poissons achetés à l'état congelé doivent être gardés à une température de -18 °C (-4 °F) afin d'arrêter toute activité microbienne. Cependant, il est préférable de ne pas garder trop longtemps des poissons congelés, car les chairs durcissent et s'altèrent. Il est avantageux de givrer le poisson par trempage dans l'eau en fin de congélation afin de le protéger de la dessiccation et de l'oxydation.

CONGÉLATION ET SURGÉLATION

La congélation et la surgélation ont pour principal objectif de transformer le maximum d'eau en glace et d'améliorer ainsi de façon sensible la durée de conservation des aliments. Elles peuvent s'appliquer autant aux matières premières destinées à être ultérieurement transformées qu'aux produits prêts à consommer. Ces deux techniques nécessitent l'application adéquate des procédés de mise en congélation ou en surgélation, de stockage, de congélation comme telle et de réchauffage.

Alors que la congélation est une méthode douce et lente, la surgélation est plus rapide. En revanche, cette dernière technique présente des avantages par rapport à la congélation. La surgélation consiste à «congeler» un produit dans un appareil frigorifique à très basse température, c'est-à-dire à -40 °C (-40 °F), afin qu'il dépasse très rapidement la zone de -1 °C à -15 °C (30 °F à 5 °F), qu'on appelle zone de cristallisation. Cette zone se révèle la plus importante dans les procédés de congélation et de surgélation, car c'est à ce moment que l'eau contenue dans le poisson (80 à 90%) se transforme en cristaux de glace.

Lorsque la congélation se fait lentement, les cristaux sont gros, alors qu'une congélation rapide produit des cristaux plus petits. Les gros cristaux ont beaucoup plus tendance à altérer les produits que les petits cristaux. Aussi, les gros cristaux entraînent-ils la formation d'une plus grande quantité de liquide. Il en résulte donc une viande ou un poisson plus sec. Un poisson bien surgelé garde plus les qualités de fraîcheur qu'un poisson frais mal conservé ou qu'un poisson congelé. Signalons de plus qu'on ne devrait surgeler un poisson que très peu de temps après sa sortie de l'eau et non après une période d'attente.

Idéalement, il est préférable de surgeler un poisson, si l'on désire le conserver pendant une assez longue période. Mais, à défaut d'équipement de surgélation, on peut fort bien procéder à une congélation adéquate.

Signalons à cet effet que ces deux techniques exigent que certaines précautions soient prises afin d'obtenir un produit de qualité.

Il importe donc de respecter les conditions suivantes :
- Toujours laver, vider et écailler les poissons
- Choisir un bon emballage avant de congeler ou de surgeler des poissons
- Idéalement, opter pour la méthode d'emballage sous vide
- À défaut de cette méthode, utiliser de préférence de la pellicule plastique plutôt que du papier d'aluminium ou un autre produit d'emballage, afin qu'il n'y ait qu'un minimum d'air autour du poisson
- Ne pas oublier d'apposer une étiquette indiquant la date de la congélation
- Ne jamais recongeler un poisson décongelé

MÉTHODE ET TEMPS DE CUISSON

Il existe des règles de base et des méthodes précises concernant la cuisson du poisson. En général, les méthodes de cuisson relatives aux viandes peuvent s'appliquer aux poissons. Cependant, il ne faut pas cuire le poisson trop longtemps, car une cuisson prolongée indûment risque de l'assécher, de le durcir et de rendre la chair insipide. On peut apprêter le poisson de différentes façons et l'utiliser

Éléments de base pour réussir vos recettes

FUMET DE POISSON

1 ½ c. à soupe de beurre
800 g (1 ¾ lb) d'arêtes et de parures de poisson (de préférence de poissons plats)
75 g (¾ tasse) d'oignons, émincés
125 g (1 ¼ tasse) de poireau, émincé
125 g (1 ¼ tasse) de céleri, émincé
6 c. à soupe d'échalotes, émincées
150 g (2 ½ tasses) de champignons, émincés
125 ml (½ tasse) de vin blanc sec
4 c. à café (4 c. à thé) de jus de citron frais pressé
1 litre (4 tasses) d'eau froide
1 pincée de thym
½ feuille de laurier
10 grains de poivre

• Dans une casserole, chauffer le beurre, faire suer les arêtes, les parures de poisson et tous les légumes pendant 4 à 5 min. Mouiller avec le vin, le jus de citron et l'eau froide, ajouter le thym, le laurier et le poivre. Porter à ébullition et laisser mijoter pendant 25 min. Passer le fumet à l'étamine, laisser refroidir et réserver pour un usage ultérieur.

NOTE : Ce fumet se conserve au congélateur pendant une durée maximale de 2 à 3 mois. Éviter d'utiliser des carottes dans la préparation du fumet de poisson, car elles donnent généralement un goût sucré au bouillon. Ne jamais saler un fumet de poisson, car on doit quelquefois le faire réduire pour obtenir un «concentré» de poisson.

COURT-BOUILLON

Le court-bouillon est peu utilisé. Cependant, c'est un élément aromatique de haute qualité pour les poissons (petites ou grosses pièces).

2,5 litres (10 tasses) d'eau
125 ml (½ tasse) de vin blanc
125 ml (½ tasse) de vinaigre blanc de qualité
2 c. à soupe de gros sel
300 g (2 tasses) d'oignons blancs, en fines rondelles
300 g (2 ⅓ tasses) de carottes, en fines rondelles
1 bouquet garni
10 grains de poivre noir

• Dans une casserole, mettre tous les ingrédients et cuire jusqu'à ce que les carottes et des oignons soient tendres. Si on utilise le court-bouillon immédiatement, laisser les légumes qui serviront de garniture aux poissons, aux mollusques ou aux crustacés, sinon, passer le court-bouillon au chinois étamine ou à la passoire à mailles fines.

ESSENCES DE LÉGUMES

Les essences de légumes sont des concentrations de saveur qui peuvent être faites avec un seul élément. On peut faire, par exemple, de l'essence de céleri. On peut aussi faire des essences de légumes différents, il suffit de cuire l'élément de base dans l'eau. Au terme de la cuisson, laisser réduire le liquide.

VELOUTÉ DE POISSON

500 ml (2 tasses) de fumet de poisson
Roux blanc (voir recette ci-dessous)
60 g (¼ tasse) de beurre
160 ml (⅔ tasse) de crème 35 %
Sel et poivre

• Dans une casserole, faire chauffer le fumet de poisson. Ajouter le roux blanc froid petit à petit et cuire 10 min jusqu'à la consistance désirée. Ajouter le beurre, la crème, saler et poivrer. Passer au chinois étamine ou à la passoire à mailles fines.

ROUX BLANC

480 g (2 tasses) de beurre
480 g (3 ¼ tasses) de farine

• Faire fondre le beurre au four à micro-ondes, ajouter la farine et bien mélanger.
Cuire par séquence de 20 secondes et bien mélanger entre chaque séquence. Le roux est cuit lorsqu'il commence à mousser.

NOTE : Le roux est un élément de base dans une cuisine familiale ou professionnelle. Pour faire un roux, le four à micro-ondes est idéal.
On peut garder le roux au réfrigérateur au moins un mois et s'en servir au besoin. Le roux est supérieur au beurre manié, car la farine est cuite.

BEURRE BLANC

Le jus d'un citron frais pressé
3 c. à soupe de vin blanc
Sel et poivre blanc
200 g (³/₄ tasse) de beurre fondu

• Dans un cul-de-poule, sur un bain-marie, réchauffer le jus de citron, le vin blanc, ajouter le sel et le poivre, en fouettant vivement. Incorporer le beurre fondu, tiède.

NOTE : On doit toujours mettre le sel et le poivre avant le beurre, car les acides du vin et du citron les font fondre avant que l'on incorpore le beurre. Le beurre blanc, s'il n'est pas difficile à préparer, doit être servi immédiatement, car au contraire du beurre nantais, il ne comporte pas d'éléments de liaison comme la crème.

BEURRE NANTAIS

2 échalotes, hachées finement
80 ml (¹/₃ tasse) de vinaigre de vin blanc
80 ml (¹/₃ tasse) de vin blanc
Sel et poivre du moulin
175 ml (³/₄ tasse) de crème 35 %
200 g (³/₄ tasse) de beurre doux froid

• Mettre dans une casserole les échalotes, le vinaigre, le vin blanc, saler et poivrer. Faire réduire des ¾ à feu vif. Ajouter la crème et faire réduire ce mélange de moitié. Ajouter graduellement le beurre en remuant

constamment à l'aide un fouet. Retirer la casserole du feu lorsque le beurre est complètement incorporé. Conserver dans un endroit frais.

SAUCE HOLLANDAISE (MÉTHODE RAPIDE)

Il y a deux façons de faire la sauce hollandaise. On peut la faire selon la méthode rapide ou selon la méthode classique, mais cette dernière donne de meilleurs résultats.

180 g (³/₄ tasse) de beurre doux
4 jaunes d'œufs
3 c. à soupe de vin blanc
Sel et poivre
Le jus d'un demi-citron frais pressé (facultatif)

• Dans une casserole, faire fondre le beurre.
• Dans un récipient de forme ronde (cul-de-poule), qu'on peut mettre au chaud, bien mélanger à l'aide d'un fouet, les jaunes d'œufs, le vin blanc, le sel et le poivre.
• Au bain-marie tiède, bien émulsionner ce mélange jusqu'à ce qu'il fasse le ruban (comme une crème fouettée). Cette opération est très importante, car c'est l'émulsion des jaunes d'œufs, combinée à l'acide blanc au bain-marie qui assure la réussite de cette sauce.
• Lorsque cette opération est terminée, incorporer petit à petit le beurre fondu. Le mélange doit être

onctueux. Au besoin, ajouter le jus de citron.

NOTE : On utilise toujours du beurre doux en raison de sa plus grande densité en gras.

SAUCE HOLLANDAISE (MÉTHODE CLASSIQUE)

80 ml (¹/₃ tasse) de vin blanc
5 c. à soupe d'échalotes, hachées
2 c. à café (2 c. à thé) de vinaigre blanc
4 jaunes d'œufs
Sel et poivre
180 g (³/₄ tasse) de beurre doux
Le jus d'un demi-citron frais pressé (facultatif)

• Dans une casserole, faire réduire au ⁹/₁₀ le vin blanc, les échalotes et le vinaigre. Laisser refroidir et ajouter les jaunes d'œufs. Passer la sauce au chinois étamine ou à la passoire à mailles fines.
• Dans une petite casserole, faire fondre le beurre.
• Dans un récipient de forme ronde (cul-de-poule) qu'on peut mettre au chaud, bien mélanger à l'aide d'un fouet le mélange de jaunes d'œufs et de vin blanc. Saler et poivrer.
• Au bain-marie tiède, bien émulsionner ce mélange jusqu'à ce qu'il fasse le ruban (comme une crème fouettée). Cette opération est très importante, car c'est l'émulsion des jaunes d'œufs combinée à l'acide du

vin blanc au bain-marie qui assure la réussite de cette sauce. Lorsque cette opération est terminée, incorporer le beurre fondu petit à petit. Le mélange doit être onctueux, au besoin ajouter le jus de citron.

NOTE : On utilise toujours du beurre doux en raison de sa plus grande densité en gras.

SAUCE BÉARNAISE

3 c. à soupe de vinaigre de vin
80 ml ('/₃ tasse) de vin blanc
2 c. à café (2 c. à thé) de poivre en grains
1 c. à soupe d'estragon frais, haché
4 c. à soupe d'échalotes, hachées
300 g (1 '/₄ tasse) de beurre fondu
3 jaunes d'œufs
Sel et poivre
1 c. à soupe d'estragon, haché
1 c. à soupe de persil, haché
1 c. à soupe de ciboulette, ciselée

• Verser le vinaigre et le vin dans une casserole, ajouter le poivre, l'estragon et les échalotes. Faire réduire de moitié et laisser refroidir.
• Transvaser le beurre fondu sans récupérer le petit-lait au fond d'une poêle. Réserver ce beurre clarifié au chaud. Ajouter la réduction de vinaigre et de vin aux jaunes d'œufs, fouetter ces jaunes au bain-marie, jusqu'à l'obtention d'un mélange crémeux et épais. Incorporer déli-

catement le beurre clarifié à ce mélange, en s'assurant que le beurre n'est pas trop chaud.
• Passer la sauce au tamis et rectifier l'assaisonnement. Si la sauce est trop épaisse, ajouter un peu d'eau tiède pour la liquéfier légèrement. Ajouter la garniture d'estragon, de persil, de ciboulette et servir.

NOTE : La sauce béarnaise est une hollandaise faite selon la méthode classique à laquelle on doit ajouter de la ciboulette hachée et de l'estragon haché. On ne passe pas la sauce au chinois étamine ou à la passoire à mailles fines.

SAUCE AUX FINES HERBES GARNIE D'ÉCREVISSES

16 écrevisses
3 c. à soupe d'huile
325 g (3 '/₂ tasses) d'oignons, hachés
2 c. à soupe d'échalotes fraîches, hachées
3 c. à soupe de carotte, hachée
1 pincée de thym
1 feuille de laurier
80 ml ('/₃ tasse) de cognac
375 ml (1 '/₂ tasse) de bouillon de poisson
175 ml (³/₄ tasse) de vin blanc
Sel et poivre
1 pointe de poivre de Cayenne
60 g ('/₄ tasse) de beurre
100 g (²/₃ tasse) de farine
125 ml ('/₂ tasse) de crème 35 %

FINES HERBES

1 c. à café (1 c. à thé) de ciboulette
1 c. à café (1 c. à thé) de persil haché
'/₂ c. à café ('/₂ c. à thé) d'estragon

• Châtrer les écrevisses. (Il s'agit de leur enlever l'appareil digestif. La queue de l'écrevisse comprend à son extrémité trois segments en éventail. Il faut saisir celui du milieu entre deux doigts, donner un quart de tour et tirer délicatement. Le long filament noir doit s'enlever d'une pièce.)
• Dans une sauteuse, chauffer l'huile à feu vif, faire rissoler les légumes et les écrevisses avec le thym et le laurier.
• Quand les écrevisses sont rouges, flamber au cognac, puis mouiller avec le bouillon de poisson chaud et le vin blanc. Assaisonner et laisser cuire pendant une dizaine de minutes.
• Retirer les écrevisses de la sauteuse. Les décortiquer et garder les queues d'écrevisse pour décorer le plat.
• Piler les carcasses et les pinces dans le fond de cuisson, passer le tout au chinois étamine ou à la passoire à mailles fines. Garder au chaud le jus ainsi obtenu.
• Préparer un roux avec le beurre et la farine (voir p. 12). Mouiller avec le jus, faire épaissir en tournant avec une spatule en bois et laisser mijoter en surveillant pendant 8 min. Ajouter la crème au liquide. Laisser cuire

jusqu'à ce que la sauce soit très onctueuse. Ajouter les fines herbes et rectifier l'assaisonnement.

Il est possible de trouver dans le commerce des bisques de homard de bonne qualité, si on ne dispose pas de coulis de homard. On trouve aussi des bisques de crabe, de crevette ou d'écrevisse. On peut également trouver des veloutés de poisson, des sauces demi-glace, hollandaise et béarnaise, ainsi que des fonds de veau. Mais il est bien évident que l'on ne peut comparer la qualité de ces produits avec des produits frais.

FUMET DE HOMARD OU DE CRABE

500 g (environ 1 lb) de homard ou de crabe
60 ml (¼ tasse) d'huile
60 g (½ tasse) de carotte, en cubes
3 c. à soupe d'oignons, en cubes
3 c. à soupe de céleri, en cubes
25 g (¼ tasse) de blanc de poireau, en cubes
100 g (½ tasse) de tomates fraîches, en cubes
4 c. à café (4 c. à thé) de cognac
1 litre (4 tasses) de fumet de poisson (voir p. 12)
4 c. à café (4 c. à thé) de pâte de tomates
2 gousses d'ail
Une pincée de thym, haché
Une feuille de laurier
Sel et poivre

• Couper grossièrement le homard avec la carapace, enlever les intestins et l'estomac.
• Faire revenir les morceaux de homard dans l'huile. Ajouter les légumes et laisser cuire pendant 4 à 5 min.
• Dégraisser la casserole et flamber au cognac. Mouiller avec le fumet de poisson. Ajouter la pâte de tomates, l'ail, le thym, le laurier le sel et le poivre. Faire mijoter pendant 30 min.
• Concasser ou hacher le homard et les légumes, puis passer au chinois fin ou à la passoire à mailles fines. Faire mijoter 1 à 2 min et rectifier l'assaisonnement.

NOTE : Ce fumet peut être congelé ; on peut aussi le préparer avec des carcasses de crabe.

COULIS DE HOMARD

900 g (2 lb) de homard
60 ml (¼ tasse) d'huile d'olive
4 c. à soupe de beurre doux
2 c. à soupe d'échalotes, hachées
½ gousse d'ail sans le germe, hachée
125 ml (½ tasse) de cognac
175 ml (¾ tasse) de vin blanc
160 ml (⅔ tasse) de fumet de poisson
2 c. à soupe de pâte de tomates
1 c. à soupe de persil frais, coupé grossièrement
80 ml (⅓ tasse) de demi-glace
Poivre de Cayenne et sel

• Couper la queue du homard en tronçons, briser les pinces et fendre le coffre en deux sur la longueur. Retirer la poche de gravier située près de la tête, réserver les parties crémeuses et les chairs.
• Dans une casserole, faire chauffer l'huile et le beurre, saisir vivement les morceaux de homard jusqu'à ce qu'ils deviennent rouges. Enlever le surplus de gras et ajouter tous les autres ingrédients.
• Couvrir la casserole et poursuivre la cuisson dans un four chaud.
• Égoutter les morceaux de homard, extraire les chairs et les réserver pour un autre usage.
• Piler les carapaces et les remettre dans la sauce avec les parties crémeuses du homard. Faire cuire à feu vif et faire réduire en fouettant. Passer au chinois étamine ou à la passoire à mailles fines.

NOTE : On peut aussi faire cette recette en remplaçant le homard par du crabe, des grosses crevettes ou des écrevisses.

BISQUE DE HOMARD

80 g (⅓ tasse) de beurre
30 g (¼ tasse) de carottes, en cubes
30 g (¼ tasse) d'oignons, en cubes
30 g (¼ tasse) de céleri, en cubes
45 g (½ tasse) de poireau, en cubes
4 c. à café (4 c. à thé) de cognac

60 ml (1/4 tasse) de vin blanc
2 c. à soupe de pâte de tomates
200 g (1/3 tasse) de tomates fraîches,
 en cubes
800 g (1 3/4 lb) de carcasses de homard
750 ml (3 tasses) de fumet de poisson
750 ml (3 tasses) de fond blanc de volaille
 (voir recette p. 17)
Sel et poivre
Poivre de Cayenne
90 g (3 oz) de chair de homard
Farine de riz
80 ml (1/3 tasse) de crème 35 %

• Dans une casserole, chauffer le beurre et faire fondre les carottes, les oignons, le céleri et le poireau. Déglacer avec le cognac et le vin blanc. Ajouter la pâte de tomates et les tomates fraîches. Ajouter les carcasses de homard. Mouiller avec le fumet de poisson et le fond blanc. Assaisonner et laisser mijoter 1 h.
• Passer au chinois étamine ou à la passoire à mailles fines. Tout en cuisant délicatement la chair de homard, mélanger la farine de riz avec la crème et lier au goût. Repasser au chinois étamine et ajouter la chair de homard coupée en petits dés.

NOTES: Quand utilise-t-on le mot bisque? Ce mot n'est utilisé que dans le cas des bases de crustacés (écrevisse, crabe, langouste, crevette ou autres). Pour lier une bisque, on ne doit se servir que de la farine de riz, car elle est inodore et elle conserve intact le goût fin des crustacés.

SAUCE HOMARDINE

900 g (2 lb) de homard ou de carcasses
 de homard
3 c. à soupe d'huile d'olive
2 c. à soupe d'échalotes, hachées
1/4 c. à café (1/4 c. à thé) d'ail sans le germe,
 haché
125 ml (1/2 tasse) de cognac
80 ml (1/3 tasse) de vin blanc
830 ml (3 1/3 tasses) de fumet de poisson
2 c. à soupe de pâte de tomates
1 c. à soupe de persil, coupé grossièrement
1/2 c. à café (1/2 c. à thé) de poivre de Cayenne
1/2 c. à café (1/2 c. à thé) de sel

• Couper la queue du homard en tronçons, briser les pinces et fendre le coffre en deux sur la longueur. Retirer la poche de gravier située près de la tête puis réserver les parties crémeuses et les chairs.
• Dans un sautoir, faire chauffer l'huile et saisir vivement les morceaux de carapace jusqu'à l'obtention d'une coloration rouge. Enlever le surplus de gras et ajouter tous les autres ingrédients.
• Couvrir et cuire de 200 à 230 °C (400 à 450 °F) pendant environ 30 min. Égoutter les morceaux de carapace, les piler et les remettre dans la sauce avec les parties crémeuses et les chairs du homard. Cuire à feu vif et faire réduire en fouettant. Passer au chinois étamine ou à la passoire à mailles fines, puis réserver au réfrigérateur jusqu'à utilisation.

BEURRE DE HOMARD

480 g (1 lb) de débris de homard (coffres avec
 corail et parties crémeuses, petites pattes et
 carapaces à l'exclusion des grosses pinces)
480 g (2 tasses) de beurre doux
Eau glacée

• Broyer les débris de homard à l'aide d'un pilon ou d'un mortier. Ajouter le beurre et mélanger le tout de façon à obtenir une pommade. Mettre ce mélange dans la partie supérieure d'un bain-marie et faire chauffer à feu doux pendant 30 min.
• Verser environ 2,5 cm (1 po) d'eau glacée dans le fond d'un récipient haut et étroit.
• Passer le beurre fondu au-dessus du contenant d'eau, à travers un chinois étamine ou une passoire à mailles fines où l'on a disposé un linge. Bien presser les débris de homard dans le chinois ou la passoire de façon à recueillir le maximum de beurre fondu. Laisser reposer jusqu'à ce que le beurre soit complètement remonté à la surface de l'eau. Réserver le tout au réfrigérateur afin de permettre au beurre de figer.

• Séparer le beurre durci de l'eau, l'essorer et le faire fondre de nouveau. Passer ce beurre de façon à le transvaser dans un contenant fermant hermétiquement et le réserver au réfrigérateur jusqu'au moment de l'utiliser.

NOTE : Réserver ce beurre au réfrigérateur où il se conserve pendant plusieurs semaines. L'utiliser sur des canapés, pour décorer des pièces froides et pour monter des sauces à base de poissons ou de crustacés.

Si désiré, remplacer le homard par un autre crustacé (crabe, langouste ou écrevisse). Ce beurre peut être congelé.

FOND BLANC DE VOLAILLE

2 kg (4 ½ lb) d'os de volaille
300 g (3 tasses) de carottes, en mirepoix
200 g (2 tasses) d'oignons, en mirepoix
100 g (1 tasse) de blanc de poireau, en mirepoix
110 g (1 tasse) de céleri, en mirepoix moyenne
3 gousses d'ail, hachées
1 clou de girofle
Poivre noir
1 bouquet garni de 20 tiges de persil, 1 brin de thym et de ½ feuille de laurier

• Faire dégorger les os de poulet.
• Dans une casserole, mettre les os dégorgés et le reste des ingrédients.

• Mouiller à hauteur et porter à ébullition. Écumer si nécessaire. Cuire pendant 45 min si ce sont des os de poulet. Passer au chinois étamine ou dans une passoire à mailles fines et réduire si le goût n'est pas suffisamment prononcé.

NOTE: Cette recette peut se faire avec différentes volailles. Le principe de base est toujours le même. Si on utilise la poule ou le coq, faire bouillir les volailles entières, car comme la cuisson est longue, on ira chercher les saveurs plus spécifiquement. Si on utilise des os de poulet, bien les faire dégorger pour enlever les impuretés (sang).

FOND BRUN DE VOLAILLE

Dans certaines recettes, nous avons besoin de fond brun de volaille. Pour le faire, les ingrédients sont les mêmes que pour le fond blanc de volaille, mais la méthode est légèrement différente.

Avec un couperet, bien concasser les os, les faire revenir au four dans une plaque avec un peu d'huile, jusqu'à ce qu'ils prennent une belle couleur dorée. Parallèlement, faire suer les légumes dans l'huile. Puis mettre les deux éléments ensemble avec les assaisonnements. Mouiller à hauteur et cuire de 45 à 60 min. Si le fond n'est pas assez coloré, on peut ajouter un

peu de tomate concentrée, passer ensuite au chinois étamine ou à la passoire à mailles fines.

FOND BRUN DE VEAU

Ce fond brun de veau était très utilisé aux 16, 17 et 18e siècles avec les poissons, les mollusques et les crustacés. Souvent, c'est un heureux mariage entre les deux éléments. Les fonds peuvent être faits l'hiver et congelés pour être utilisés plus tard. Lorsqu'ils cuisent, ils dégagent de très bonnes odeurs et procurent de l'humidité dans la maison.

Graisse végétale
10 kg (22 lb) d'os de veau, de préférence les genoux, coupés en petits dés par le boucher
Huile végétale
1 kg (2 ¼ lb) d'oignons, en grosse mirepoix
1 kg (2 ¼ lb) de carottes, en grosse mirepoix
480 g (1 lb) de branches de céleri, coupées en morceaux de 5 cm (2 po)
2 têtes d'ail en chemise
1 feuille de laurier
2 pincées de brins de thym
200 g (6 ½ tasses) de persil
25 grains de poivre noir
200 g (7 oz) de pâte de tomates, cuite

• Faire chauffer la graisse végétale dans une plaque à rôtir, au four à 200 °C (400 °F). Lorsqu'elle est bien chaude, ajouter les os de veau et les laisser rôtir jusqu'à ce qu'ils dorent de tous côtés, étape très importante, car ce sont ces sucs rôtis qui donneront une belle coloration au fond de veau.

• Parallèlement, dans une casserole suffisamment grande, faire suer tous les légumes dans de l'huile végétale chaude, ajouter l'ail, les assaisonnements et la pâte de tomates et laisser cuire le tout.

• Lorsque ces deux opérations seront terminées, réunir les deux éléments dans une grande casserole, couvrir d'eau complètement et laisser mijoter pendant au moins 6 h.

• Par réduction, donc par concentration des sucs, on obtient de la sauce demi-glace et, plus réduit encore, de la glace de veau.

• Ce fond de veau n'est pas lié. Avec du roux blanc, on obtient un fond brun lié.

LES GLACES

Les glaces sont des concentrations de saveur, qui servent à bonifier les sauces. C'est par réduction d'un fond à 95% que l'on obtiendra des glaces, que ce soit de volaille, de veau ou de poisson. Par exemple, si l'on utilise un fond de volaille en quantité de 5 litres (20 tasses), on devra le cuire de 40 à 60 min, le passer au chinois étamine ou à la passoire à mailles fines, puis le réduire de 90 à 95%. Il ne nous restera donc que 500 à 250 ml (2 à 1 tasse) de liquide,

ce qui donne une glace très concentrée. Si on réduit moins et qu'on garde par exemple 1 litre (4 tasses) de liquide, la glace aura moins de saveur. Une fois la réduction faite, verser cette réduction dans des bacs à glaçons, puis congeler. Démouler et conserver dans un petit sac. Lorsqu'une sauce manque de saveur, ajouter un petit cube de glace.

CRÈME D'AIL

Bien qu'il soit préférable d'utiliser l'ail le moins possible avec la plupart des poissons, des mollusques et des crustacés, certains, au contraire, acceptent le mariage. La crème d'ail est simplement une liaison de crème 35%, montée au beurre à l'ail.

BEURRE À L'AIL

480 g (1 lb) de beurre non salé (beurre doux), en pommade
30 g (¹/₃ tasse) d'ail
30 g (¹/₃ tasse) d'échalotes ou d'oignons
60 g (2 tasses) de persil
1 c. à soupe de moutarde de Dijon
2 c. à soupe d'amandes grillées
2 c. à café (2 c. à thé) de pernod ou de ricard
Sel et poivre

• À l'aide d'un robot de cuisine, bien mélanger tous les ingrédients, saler et poivrer au goût.

MOUSSE DE BASE AU POISSON

1 kg (2 ¹/₄ lb) de brochet, de plie ou de goberge (chair dénervée)
4 à 5 blancs d'œufs
Sel et poivre frais moulu
Muscade
1 litre (4 tasses) de crème 35 %
375 g (2 ¹/₂ tasses) de beurre doux

• Piler la chair de poisson au mortier.

• Ajouter les blancs d'œufs durant l'opération ainsi que les assaisonnements. Passer au tamis fin et sangler (voir Méthode de conservation des poissons frais p. 8) en sauteuse sur glace. Laisser reposer pendant environ 2 h.

• Diluer progressivement cette farce avec la crème et le beurre, en la travaillant délicatement à la spatule de bois, sur glace. Laisser reposer une nuit au froid avant usage.

PANADE POUR POISSON

115 g (³/₄ tasse) de farine
4 jaunes d'œufs
80 g (¹/₃ tasse) de beurre fondu
Sel, poivre et muscade
250 ml (1 tasse) de lait

• Dans une casserole, mélanger la farine et les jaunes d'œufs. Ajouter le beurre fondu, le sel, le poivre et la muscade.

- Délayer petit à petit avec le lait bouillant. Laisser épaissir sur le feu pendant 6 à 8 min en mélangeant à l'aide d'un fouet. Lorsque le mélange est assez épais, faire refroidir.

FARCE POUR QUENELLES (GARNITURE)

1 kg (2 ¼ lb) de chair de brochet dénervée
5 blancs d'œufs
Sel et poivre du moulin
½ c. à café (½ c. à thé) de muscade, râpée
400 g (14 oz) de pâte à choux
1 litre (4 tasses) de crème 35 %
225 g (¾ à 1 tasse) de beurre doux
2 litres (8 tasses) de fumet de poisson (voir recette p. 12)

Demander à votre poissonnier de la chair parfaitement dénervée et pelée. La couper en petits morceaux et la réduire en purée à l'aide d'un robot de cuisine, avec les blancs d'œufs et les assaisonnements.
- Mettre le mélange dans un bol, ajouter, la pâte à choux et bien mélanger. Passer au tamis fin. Recueillir la farce dans le bol d'un batteur sur socle et la travailler avec la spatule plate à petite vitesse.
- Incorporer graduellement la crème et le beurre en pommade. Augmenter la vitesse et fouetter pendant environ 1 min pour obtenir une farce bien lisse et moelleuse. Laisser reposer une nuit au réfrigérateur. Mouler les quenelles en forme de gros œuf d'environ 90 g (3 oz) à l'aide de 2 cuillères humides et les disposer dans un plat beurré.
- Les couvrir délicatement du fumet de poisson et cuire pendant environ 10 min à four doux, environ 150 °C (300 °F), en arrosant de temps à autre.
- Égoutter les quenelles et recommencer l'opération jusqu'à épuisement de la farce.

MAYONNAISE

4 jaunes d'œufs
1 c. à soupe de moutarde de Dijon
Sel et poivre blanc
Vinaigre blanc de qualité
1 litre (4 tasses) d'huile au choix (olive, arachide, canola, maïs, tournesol, noix, noisette, pistache, etc.)

- Au mélangeur ou à l'aide d'un fouet, bien mélanger les jaunes d'œufs avec la moutarde, le sel, le poivre et quelques gouttes de vinaigre. Il est important de mettre le sel à ce moment-là pour qu'il puisse fondre. Puis, petit à petit, incorporer l'huile. Si le mélange devient trop ferme, ajouter quelques gouttes de vinaigre ou d'eau pour détendre l'ensemble avant de continuer à incorporer l'huile.

BEURRE DE CITRON AUX HERBES

160 g (⅔ tasse) de beurre
2 c. à soupe de jus de citron frais pressé
20 g (⅔ tasse) de persil, haché
20 g (½ tasse) de ciboulette, hachée
10 g (⅓ tasse) d'estragon, haché
Sel et poivre

- Ramollir le beurre et le mélanger avec tous les autres ingrédients.
- Conserver ce beurre à température ambiante, jusqu'au moment de l'utiliser. Il peut éventuellement se congeler.

NOTE : On peut aussi faire un beurre avec d'autres agrumes comme l'orange et le pamplemousse.

POISSONS PLATS

Au début de leur vie, ces poissons nagent normalement, mais très tôt, ils changent et, plutôt que de nager en position verticale, ils se tiennent et nagent sur un côté. L'œil qui était sur le côté inférieur se retrouve sur le côté supérieur. Ce changement entraîne une modification de la structure de la tête, des tissus musculaires ainsi que des tissus nerveux.

Les poissons plats sont des poissons carnivores. Espèces de fond des eaux côtières continentales, ils se trouvent en abondance dans les mers tropicales et tempérées, quelques espèces se trouvant également dans les eaux arctiques.

L'ordre regroupe environ 500 espèces classifiées en 6 familles.

Ceux que nous retrouvons dans nos eaux de la côte Atlantique du Canada varient au niveau gustatif; suffit-il de savoir que lorsque vous achetez des soles, ce sont des plies que vous dégustez; et, que dans cette famille, la qualité des poissons varie selon le nom. Malheureusement, au Québec, toutes les plies sont mélangées, c'est pour cette raison que l'on retrouve à la cuisson des filets très fermes et d'autres très mous. Il est donc fort important que vous choisissiez par ordre décroissant les plies suivantes: Plie grise; Plie du Canada; Limande à queue jaune; Plie rouge; Cardeau à quatre ocelles ou cardeau d'été.

Poissons plats

Turbot de sable

Nom angl.: Windowpane. **Nom scient.:** *Scolphthalmus aquosus* (Mitchill) 1815. **Appellations erronées:** Plie, sole. **Caractéristiques:** Coloration variant de rougeâtre au brun grisâtre d'un côté et, ordinairement blanc de l'autre. Taille moyenne d'environ 56 cm (22 po) et poids variant de 600 g à 1 kg (1 ¼ à 2 ¼ lb) dans le cas du turbotin, et pouvant atteindre jusqu'à 10 kg (22 lb) dans le cas du turbot. **Appréciation:** Un des meilleurs poissons de mer, mais 60% des parties non utilisables pour la table. **Qualité:** ★★★★★. **Prix à l'achat:** $$$$$.

Barbue

Nom angl.: Brill. **Nom scient.:** *Scophthalmus rombus* (Linné) 1758. **Appellations erronées:** Sole, turbot. **Caractéristiques:** Poisson plat de forme ovoïde de 50 cm (20 po) vivant sur le sable et le gravier. Face colorée grise, jaunâtre ou brunâtre. **Appréciation:** Au niveau qualitatif, la barbue est une coche inférieure au turbot, il peut être servi entier, en filet ou en tronçons. Comme le turbot, 60% est non utilisable pour la table. **Qualité:** ★★★★. **Prix à l'achat:** $$$$.

Sole

Nom angl.: Common Sole. **Nom scient.:** *Solea solea* et *Solea lascaris risso*. **Appellations erronées:** Limande, sole, sole de Douvres. **Caractéristiques:** Sur la côte Est du Canada, il n'y a pas de sole. On les retrouve principalement en mer du Nord et dans la Manche. Poisson d'une grande finesse, d'une perte de 30%, elle se consomme meunière, pochée et grillée. **Qualité:** ★★★★★. **Prix à l'achat:** $$$$. **Autres soles:** Soles du Sénégal (*Solea seneganlis*) Sole perdrix (*Microchirus variegatus*) Céteau (*Sicologoglossa*) Sole langue (*Cynoglossides*).

Flétan

Nom angl.: Halibot. **Nom scient.:** *Hippoglossus hippoglossus* (Linné) 1758. **Appellations erronées:** Turbot, grosse, plie. **Caractéristiques:** Le flétan est souvent accompagné par les morues. Il vit en eau froide de l'Atlantique Boréal et presque en Arctique. Sa coloration du côté des yeux est brune, et généralement, blanc de l'autre. Poisson pouvant atteindre 240 cm (8 pi) de long et pouvant peser jusqu'à 181,5 kg (400 lb). Cependant, son poids moyen varie de 2,3 à 20 kg (5 à 44 lb). **Appréciation:** Méconnu ou peu utilisé en Europe, c'est un poisson de haute qualité lorsqu'il est frais, il se sert en tronçon petit ou gros. **Qualité:** ★★★★. **Prix à l'achat:** $$$ à $$.

Limande-sole

Nom angl.: Flounder. **Nom scient.:** *Microstomus kitt*. **Appellations erronées:** Sole à petite bouche, plie, sole. **Caractéristiques:** La limande-sole ressemble beaucoup à la plie rouge de l'Atlantique Canadienne (*Pseudopleuronjetes americanus* (Walbaum) 1792). Sa taille varie de 25 à 35 cm (10 à 14 po), elle possède un liseron orangé le long du bord operculaire. **Appréciation:** Par ordre décroissant, sa valeur culinaire pourrait être égale à la limande à queue jaune. **Qualité:** ★★★. **Prix à l'achat:** $$$.

Limande

Nom angl.: Slippery Flounder. **Nom scient.:** *Limanda limanda*. **Appellations erronées:** Plie, sole, limande, sole du Pacifique. **Caractéristiques:** Pêché en mer du Nord, dans la Manche, on retrouve sa cousine germaine au Canada sous le nom de Flétan du Groenland (*Reinhardtius hippoglossoides* (Walbaum) 1792). Son poids peut varier de 450 g à 2 kg (1 à 4 ½ lb) et sa taille de 20 à 35 cm (8 à 15 po). **Appréciation:** De qualité inférieure à la plie grise, ou la limande sole, c'est cependant un poisson fort apprécié. **Qualité:** ★★★. **Prix à l'achat:** $$$.

Plie grise

Nom angl. : Witch Flounder. **Nom scient. :** *Glyptocephalus cynoglossus* (Linné) 1758. **Appellations erronées :** Sole, sole grise. **Caractéristiques :** Poisson d'une chair maigre et ferme, corps brun grisâtre d'un côté, et blanc grisâtre, parsemé de points foncés de l'autre, d'une taille maximale de 64 cm (25 po) et poids d'environ 700 g (1 ½ lb). **Appréciation :** Dans la catégorie des petits poissons plats, la plie grise est la meilleure après la sole. **Qualité : ★★★. Prix à l'achat :** $$$.

Plie canadienne

Nom angl. : American Place. **Nom scient. :** *Hyppoglossoides platessoides* (Fabricius) 1780. **Appellations erronées :** Sole, plie, carrelet. **Caractéristiques :** D'une taille maximale de 70 cm (27 po) et d'un poids moyen de 900 g à 1,4 kg (2 à 3 lb), c'est le seul poisson de la côte Est du Canada qui a une ligne latérale droite, une queue arrondie, une grande bouche et les yeux sur le côté droit. **Appréciation :** De qualité égale au flet européen, elle est meilleure que la limande à queue jaune, mais moins bonne que la plie grise. **Qualité : ★★★. Prix à l'achat :** $$$.

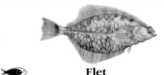

Limande à queue jaune

Nom angl. : Yellowtail Flounder. **Nom scient. :** *Limanda ferwginea*. **Appellations erronées :** Sériole, sole. **Caractéristiques :** De son corps de couleur olive brunâtre avec des taches orangées d'un côté et blanc de l'autre, sa chair est maigre et molle. La limande peut atteindre 72 cm (28 po) de longueur et peser en moyenne 600 g (1 ¼ lb) pour 40 cm (16 po) de longueur. **Appréciation :** La texture de sa chair fait que la limande à queue jaune est plus un poisson de repas du midi. **Qualité : ★★. Prix à l'achat :** $$.

Flet

Nom angl. : Flounde. **Nom scient. :** *Platienthys flesus*. **Appellations erronées :** Sole, plie, carrelet. **Caractéristiques :** Ce poisson d'une longueur moyenne de 20 à 40 cm (8 à 16 po) peut peser de 500 g à 2 kg (1 à 4 ½ lb), sa qualité gustative ressemble à la plie du Canada de l'Atlantique. **Appréciation :** En filet, entier, poché, grillé, ce poisson se situe qualitativement après la sole. **Qualité : ★★★. Prix à l'achat :** $$$.

Cardeau à quatre ocelles

Nom angl. : Summer Flounder. **Nom scient. :** *Paralichthys oblongus* (Mitchill) 1815. **Appellations erronées :** Plie, turbot, sole, cardeau d'été, carrelet (Europe). **Caractéristiques :** Cardeau à quatre ocelles; ses quatre ocelles lui donnent son identité immédiatement. Sa longueur peut atteindre 110 cm (43 po) et peut peser 115 kg (25 lb), mais son poids moyen varie entre 600 g et 1,2 kg (1 ½ à 2 ½ lb). Le carrelet peut atteindre 65 cm (26 po), mais sa longueur moyenne varie entre 25 et 35 cm (10 à 14 po). **Appréciation :** Poisson de tous les jours, sa chair n'a pas de tenue. **Qualité : ★★. Prix à l'achat :** $$.

Plie carrelet

Nom scient. : *Pleuronectes platessa*. **Appellations erronées :** Plie commune, cardeau. **Caractéristiques :** Cousin du cardeau à quatre ocelles et le cardeau d'été, le carrelet mesure généralement de 25 à 65 cm (10 à 26 po) et sa chair assez molle en fait un poisson de moindre qualité. **Qualité : ★★. Prix à l'achat :** $$.

Blancs de turbot de sable au champagne, médaillons de homard et truffes

4 portions · Difficulté : 2 · Préparation : 30 min · Cuisson : 20 min

Le turbot, celui-là seul qui peut porter ce nom, fait partie des meilleurs poissons de mer. À tout seigneur, tout honneur, quoi de mieux que du champagne pour l'accompagner ! Nous ne possédons pas ce poisson dans nos eaux de l'Atlantique (Canada), on peut donc remplacer le turbot par du flétan à condition qu'il soit frais.

Ne pas confondre : *Au Québec, le poisson que nous appelons turbot est le flétan du Groenland, poisson qui malheureusement ne se compare pas avec le turbot.*

• Choisir un plat allant au four en pensant que les blancs de turbot doivent être collés les uns aux autres. À l'aide d'un pinceau, badigeonner le fond du plat avec 60 g (¼ tasse) de beurre, parsemer les échalotes.

• Saler et poivrer les blancs de turbot puis les disposer dans le plat.

• Préchauffer le four à 180 °C (350 °F).

• Verser le champagne, le fumet de poisson, couvrir d'un papier sulfurisé et cuire au four jusqu'à ce que le thermomètre indique 68 °C (155 °F) à cœur.

• Retirer les blancs de turbot, les assécher sur du papier absorbant et garder au chaud.

• Réduire de 90 % le fond de cuisson, puis incorporer la crème. Réduire de nouveau et monter la sauce au beurre. Rectifier l'assaisonnement et passer à la passoire à mailles.

LÉGUMES

Pommes de terre cuites à l'eau

INGRÉDIENTS

- 60 g (¼ tasse) de beurre non salé
- 2 échalotes, hachées finement
- Sel et poivre blanc moulu
- 4 morceaux de filet de turbot de 150 g (5 oz)
- 375 ml (1½ tasse) de champagne brut
- 175 ml (¾ tasse) de fumet de poisson (voir p. 12)
- 250 ml (1 tasse) de crème 35 %
- 80 g (⅓ tasse) de beurre non salé
- 4 lames de truffes
- 4 médaillons de homard

INFORMATION
« Blanc » est une dénomination moderne d'un morceau de filet de turbot ou filet épais.

ÉQUIVALENT
Flétan frais, filet de barbue, filet de sole, filet de saint-pierre.

CONSEIL
C'est avec les arêtes et les têtes de poissons plats que l'on fait le meilleur fumet de poisson.

SERVICE
Disposer les blancs de turbot de sable sur des assiettes chaudes, napper de sauce au champagne. Garnir des lames de truffes et des médaillons de homard.

Tronçons de flétan grillés, sauce hollandaise

4 portions · Difficulté : 3 · Préparation : 10 min · Cuisson : 12 à 15 min

INGRÉDIENTS

- 4 tronçons de flétan de 150 à 180 g (5 à 6 oz)
- Sel et poivre du moulin
- 80 ml (⅓ tasse) d'huile de tournesol
- 250 ml (1 tasse) de sauce hollandaise (recette de base voir p. 13) ou d'émulsion de citron à l'huile d'olive

SERVICE

Sur des assiettes très chaudes, disposer les tronçons de flétan, garnir avec les légumes et servir la sauce en saucière à part.

TECHNIQUE

Que ce soit une grillade d'intérieur ou un barbecue, il est important de chauffer celle-ci de la façon suivante :

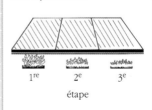

1re 2e 3^e

étape

PRÉPARATION

Un poisson ou une viande doit être grillé et non brûlé. La grillade noircie donne de l'amertume au produit.

- Afin de bien réussir un poisson grillé, il faut qu'il soit bien asséché ; donc, bien éponger les tronçons de flétan dans un linge propre ou du papier absorbant. Saler et poivrer.

- Avec un pinceau, badigeonner chaque tronçon d'huile. Saisir en quadrillant les tronçons de flétan de chaque côté, puis réduire à chaleur moyenne pendant quelques minutes et terminer à chaleur moins intense. Lorsque la température du tronçon atteindra 68 °C (155 °F), le poisson sera cuit à la perfection. Il aura aussi l'avantage d'être reposé.

ÉMULSION DE CITRON À L'HUILE D'OLIVE

Verser le jus de deux citrons dans un mélangeur, ajouter le sel et le poivre blanc du moulin, incorporer en filet 250 ml (1 tasse) d'huile d'olive vierge chaude.

LÉGUMES

Tranches de pommes de terre douces, blanchies, puis grillées, et poivrons jaunes grillés.

TECHNIQUE

Pourquoi tronçon et non steak ? Le mot steak est un anglicisme attaché à la viande de bœuf, en cuisine, on utilise le mot tronçon pour un morceau de poisson plat, et darne pour un morceau de poisson fusiforme (style saumon).

| Tronçon individuel. | Tronçon pour plusieurs convives (à droite). | Couper une darne. | Darne. |

Roulades de filets de plie aux asperges

4 portions · Difficulté : 4 · Préparation : 20 min · Cuisson : 8 à 10 min

- Préchauffer le four à 150 °C (300 °F).
- Saler et poivrer les filets de plie.
- Couper les pointes d'asperge de la largeur de chaque filet et les enrouler à l'intérieur de chacun d'eux.
- Badigeonner le fond d'un plat allant au four avec 60 g (¼ tasse) de beurre, parsemer les échalotes et les algues déshydratées.
- Disposer les roulades de filets de plie, verser le vin blanc et le fumet de poisson. Couvrir d'un papier sulfurisé beurré et d'un couvercle.
- Cuire au four jusqu'à ce que des petits points blancs sortent des filets de poisson.
- Retirer les filets, les mettre sur du papier absorbant et garder au chaud. Verser le jus de cuisson dans un batteur sur socle, incorporer le jus de veau et l'huile de tournesol ou le beurre. Rectifier l'assaisonnement.

LÉGUMES

Riz créole ou pilaf avec des pointes d'asperge mélangées ou couscous.

INGRÉDIENTS

- 12 filets de plie de 60 g (2 oz) chacun
- Sel et poivre blanc du moulin
- 36 asperges vertes, cuites ou en conserve
- 60 g (¼ tasse) de beurre non salé en pommade
- 3 échalotes, hachées finement
- 30 g (1 oz) d'algues déshydratées (varech)
- 175 ml (¾ tasse) de vin blanc sec
- 175 ml (¾ tasse) de fumet de poisson
- 160 ml (⅔ tasse) de jus de veau brun, non lié
- 60 ml (¼ tasse) d'huile de tournesol ou 60 g (¼ tasse) de beurre en pommade (température ambiante)

ÉQUIVALENT

Tous les filets de poissons plats sauf le flétan, le turbot et la barbue.

SERVICE

Au fond de chaque assiette chaude, disposer les roulades et napper de sauce.

TECHNIQUE

Préparer les filets de plie comme les photos ci-dessous :

Placer les filets entre deux feuilles d'aluminium.

Taper doucement.

Filet agrandi.

Sur un filet étendu, placer des pointes d'asperge.

Rouler délicatement.

Roulade prête à cuire.

Soles farcies à la mousseline de crevettes, fumet court crémé

4 portions · Difficulté : 7 · Préparation : 60 min · Cuisson : au thermomètre

INGRÉDIENTS

- 210 g (7 oz) de crevettes crues
- Sel et poivre du moulin
- ½ blanc d'œuf
- 125 ml (½ tasse) de crème 35 %
- 4 soles de 180 à 210 g (6 à 7 oz)
- Sel et poivre du moulin
- 60 g (¼ tasse) de beurre non salé en pommade (température ambiante)
- 3 échalotes, hachées finement
- 30 g (¼ tasse) de carottes, en fine brunoise
- 1 branche de céleri, en fine brunoise
- 250 ml (1 tasse) de vin blanc sec
- 175 ml (¾ tasse) de fumet de poisson
- 125 ml (½ tasse) de crème 35 %
- 60 g (¼ tasse) de beurre non salé
- Sel et poivre blanc du moulin

ÉQUIVALENT
Plies, limandes, cardeaux, carrelets.

SERVICE
Disposer les soles soufflées sur des assiettes chaudes et napper de sauce.

LÉGUMES
Topinambours, pommes de terre rattes à l'eau salée

PRÉPARATION

- Écailler et enlever le petit boyau des crevettes. Bien conserver les coquilles. Laver et éponger les crevettes, mettre dans un robot de cuisine, saler et poivrer, incorporer le blanc d'œuf, la crème et bien mélanger jusqu'à consistance homogène. Rectifier l'assaisonnement.

- Ouvrir les soles, saler et poivrer. À l'aide d'une poche à pâtisserie, répartir la farce de crevette et refermer délicatement les quatre filets sur la farce.

- Badigeonner une lèchefrite avec 60 g (¼ tasse) de beurre, disposer les soles en tête à queue, parsemer les échalotes, les carottes, le céleri, les coquilles de crevettes, les arêtes coupées en petits morceaux.

- Verser le vin blanc ainsi que le fumet de poisson. Couvrir d'un papier sulfurisé beurré et cuire au four pour atteindre 68 °C (155 °F) à cœur.

- Retirer les soles et à chaud, à l'aide d'une spatule, extraire les petites arêtes de chaque côté pour retrouver leurs formes originales et sans arêtes. Les conserver au chaud avec un linge mouillé sur le dessus afin qu'elles ne sèchent pas. Dans une casserole, filtrer le fond de cuisson à la passoire à mailles. Réserver la brunoise de légumes ; ajouter la crème 35 % et réduire jusqu'à consistance voulue, monter la sauce au beurre. Incorporer la brunoise de légumes. Rectifier l'assaisonnement et passer à la passoire à mailles. Rectifier l'assaisonnement. Réserver.

TECHNIQUE

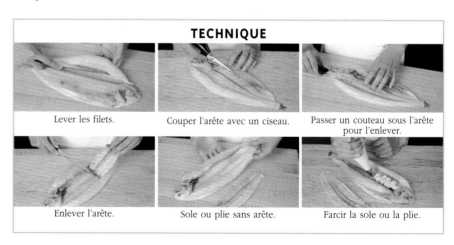

Lever les filets. — Couper l'arête avec un ciseau. — Passer un couteau sous l'arête pour l'enlever.

Enlever l'arête. — Sole ou plie sans arête. — Farcir la sole ou la plie.

Omelette farcie d'un ragoût
de plie aux salicornes

4 portions · Difficulté : 2 · Préparation : 20 min · Cuisson : 20 min

RAGOÛT DE PLIE

- Demander à votre poissonnier des bouts de queues parce qu'ils coûtent moins cher.

- Bien éponger et couper en petites lamelles de 2 x 0,5 cm (¾ x ¼ po), saler et poivrer.

- Chauffer l'huile dans une poêle en fonte et saisir vivement les lamelles de filet de plie environ 20 sec. Les égoutter sur du papier absorbant et garder au chaud.

- Goûter à cru les salicornes ; si elles sont trop salées, les blanchir, les égoutter puis les faire sauter dans la même huile que les lamelles de plie. Extraire le gras de cuisson.

- Mélanger les salicornes et les filets de plie, ajouter la bisque de homard chaude. Mélanger délicatement, rectifier l'assaisonnement et conserver au chaud.

- Saler et poivrer les œufs. Cuire l'omelette en prenant soin de pouvoir y incorporer le ragoût au milieu. Rouler sur un plat et servir immédiatement.

LÉGUMES

Petites pommes de terre grelots cuites à l'eau salée. Petites carottes fanes.

INGRÉDIENTS

- 210 g (7 oz) de queues de filets de plie
- 60 ml (¼ tasse) d'huile d'olive
- 150 g (5 oz) de salicornes
- 160 ml (⅔ tasse) de bisque de homard ou l'équivalent du commerce
- Sel et poivre du moulin
- 12 œufs, battus

ÉQUIVALENT
Tous petits morceaux de poissons non présentables.

INFORMATION

Salicorne : Appelée aussi haricot de mer. Petite plante annuelle de 16 à 23 cm d'un vert tendre devenant rougeâtre à la fin de l'été. Elle pousse en habitat très salé. Son goût vous rappellera la mer.

Soupe de poisson plat
garnie de croûtons à la mousse
de homard ou de beurre de corail

4 portions · Difficulté : 3 · Préparation : 40 min · Cuisson : 60 min

INGRÉDIENTS

- 210 g (7 oz) de chair de homard cuite (fraîche ou en conserve), égouttée et épongée ou corail de homard
- 120 g (½ tasse) de beurre en pommade (à température ambiante)
- 1 ficelle de pain croûté, en tranches de 0,5 cm (¼ po)
- 80 ml (⅓ tasse) d'huile d'olive
- 180 g (2 tasses) de carottes, d'oignons et de céleri, en mirepoix
- 6 gousses d'ail, émincées
- 800 g (1 ¼ lb) de morceaux de poisson plat (arêtes, queues, demander à votre poissonnier)
- 310 ml (1 ¼ tasse) de vin blanc
- 150 g (5 oz) de pâte de tomates
- 625 ml (2 ½ tasses) de fumet de poisson plat ou l'équivalent du commerce
- 1 bouquet garni
- 30 g (1 tasse) de persil, haché finement

ÉQUIVALENT

La soupe de poissons peut se faire avec des poissons de roche, rouget, rascasse, vive, etc., mais il faut éviter le doré, le brochet, la barbotte, la carpe, le silure.

SERVICE

Verser la soupe de poisson dans des assiettes creuses. Garnir de croûtons et de persil.

PRÉPARATION

MOUSSE DE HOMARD OU BEURRE DE CORAIL[1]

- À l'aide d'un robot de cuisine, mélanger vivement la chair de homard et incorporer petit à petit le beurre. Assaisonner au goût et conserver à température ambiante.

- Faire griller les tranches de pain de chaque côté au four à 155 °C (310 °F). Réserver.

SOUPE DE POISSON PLAT

- Dans une casserole, chauffer l'huile, ajouter la mirepoix de légumes, l'ail et les morceaux de poisson plat. Faire suer jusqu'à ce que de petits points blancs sortent des arêtes. Ajouter le vin blanc, la pâte de tomates et cuire 10 min.

- Ajouter le fumet de poisson, le bouquet garni et cuire de nouveau 15 min.

- À l'aide d'une écumoire, retirer les morceaux de poisson où il y a de la chair autour et laisser refroidir.

- Retirer le bouquet garni et passer la soupe au moulin à légumes, ce qui donnera de petits filaments de poisson dans la soupe en la «liant».

- Garnir chaque petit croûton de mousse de homard. Effeuiller la chair de poisson réservée et la mettre dans la soupe. Rectifier l'assaisonnement.

NOTE

Pendant la saison de pêche du homard, remplacer la chair du homard par le «fard» de homard, ce que nous appelons couramment le corail.

CONSEIL

(1) Pour le beurre de corail, remplacer la chair de homard par la laitance que l'on trouve dans le homard lorsqu'il est cuit ou cru.

Raie pochée, nappée d'une émulsion de citron et d'huile de tournesol à la poudre d'algues

4 portions · Difficulté : 2 · Préparation : 15 min · Cuisson : 15 min

INGRÉDIENTS

- 1 litre (4 tasses) de court-bouillon (recette de base voir p. 12)
- 310 ml (1 1/4 tasse) de vin blanc sec
- 4 tronçons de raie avec peau de 210 g (7 oz), bien lavés
- Sel et poivre
- Le jus de 2 citrons frais pressés
- 2 jaunes d'œufs
- 15 g (1/2 oz) de poudre d'algue (goémon)
- 160 ml (2/3 tasse) d'huile de tournesol
- 1 c. à café (1 c. à thé) de persil, haché finement ou cresson de fontaine
  Sel et poivre

- Chauffer le court-bouillon et ajouter le vin blanc. La casserole devra être la plus large possible, éventuellement utiliser la lèchefrite de la cuisinière ou une plaque, car les tronçons de raies prennent beaucoup de place.

- Mettre les tronçons dans le court-bouillon et cuire à frémissement environ 10 à 12 min. Pour vérifier la cuisson, on soulève légèrement la chair. Si, elle se décolle facilement de l'arête, elle est cuite. Arrêter la cuisson et conserver les tronçons dans le court-bouillon très chaud. Ils auront l'avantage d'améliorer leur goût et de se détendre.

- Pendant ce temps, préparer l'émulsion. Dans un batteur sur socle, verser le jus de citron, les jaunes d'œufs et la poudre d'algue[1]. Émulsionner fortement et incorporer petit à petit l'huile de tournesol à température ambiante (22 °C ou 72 °F).

- Ajouter le persil, le sel et le poivre. Réserver.

LÉGUMES

Pommes de terre cuites à l'eau salée.

SERVICE

À l'aide d'une grande spatule ou d'une écumoire, enlever les tronçons de raie[2] et les étendre sur un linge propre afin d'absorber le maximum d'humidité.

Retirer rapidement les deux peaux, disposer sur des assiettes très chaudes et verser sur chaque tronçon 1 c. à soupe d'émulsion.

CONSEIL

(1) **Poudre d'algue :** en général les algues en sachet (goémon) que vous achetez chez votre poissonnier ont souvent repris l'humidité ; laissez-les à l'entrée du four à 100 °C (210 °F) sur des papiers absorbants afin qu'elles deviennent très sèches. Par la suite, vous les mixerez en poudre au petit moulin à café. Réserver. Par contre, on trouve dans le commerce des algues hachées ou en poudre.

(2) Garder la chair de la raie sur les arêtes, car celle-ci garde bien sa forme et, surtout, ne rétrécit pas.

FAMILLE DES GADIDÉS

Les gadidés sont des poissons marins d'eau froide. On les trouve surtout dans les mers du nord, mais certaines espèces se sont établies dans l'hémisphère Sud. Plus nombreux dans des eaux peu profondes, un certain nombre de ces poissons vivent aussi dans des eaux très profondes. Certaines nageoires de ces poissons à rayons mous sont parfois filamenteuses ; ils ont de petites écailles, et leur bouche est souvent grande.

Les morues consomment beaucoup d'autres poissons et des invertébrés. Cette famille compte au total 59 espèces, dont 19 ont été signalées dans la région canadienne. De nombreuses espèces ont une grande importance commerciale. Parmi toutes les familles de poissons que l'on trouve dans notre région, la famille de la morue est la mieux représentée et la plus grande.

Du point de vue culinaire, tous ces poissons ont une particularité. À la cuisson, la chair s'effeuille, ce qui permet à la sauce ou au beurre de glisser entre chaque «feuillet».

Quelques poissons de ce groupe ont fait connaître le Canada à travers le monde, particulièrement la morue. D'autres sont moins connus et il serait important qu'en souhaitant que les morues reviennent en quantité, nous utilisions plus souvent les autres poissons de cette famille, d'autant plus qu'ils sont aussi très savoureux.

Famille des gadidés

Petit Moyen Gros

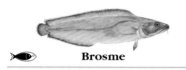

Brosme

Nom angl.: Cusk. **Nom scient.:** *Brosme brosme* (Müller) 1776. **Appellations erronées:** Mustelle, motelle. **Caractéristiques:** D'une couleur variant selon l'environnement du rouge sombre au vert brun ou, au jaune pâle, le brosme peut atteindre 1 m (3 pi, 3 po) et un poids de 12,2 kg (27 lb). Il possède des nageoires dorsales et ventrales longues. **Qualité:** ★★★. **Prix à l'achat:** $$$.

Merluche-écureuil

Nom angl.: Squirrel Hake. **Nom scientifique:** *Urophycis chuss* (Walbaum) 1792. **Appellations erronées:** Merlan, merlu, merluchon. **Caractéristiques:** Sa chair est maigre et ferme. Ce poisson élégant avec des nageoires très longues peut atteindre 20 kg (44 lb) et peut mesurer jusqu'à 1,4 m (4 pi 6 po). Couleur rougeâtre ou brunâtre, il possède de beaux reflets métalliques sur les joues. **Qualité:** ★★★. **Prix à l'achat:** $$$.

Merlu argenté

Nom angl.: Silver Hake. **Nom scient.:** *Merluccius bilinearis* 1814. **Appellations erronées:** Colin, merlu, merluchon, whiting. **Caractéristiques:** Ce poisson possède de beaux reflets d'argent à sa sortie de l'eau. Il peut atteindre 90 cm (35 po) et un poids de 2,3 kg (5 lb), mais sa longueur moyenne est de 24 à 35 cm (9 à 14 po) et il pèse 700 g (1 ½ lb) en moyenne. **Qualité:** ★★★. **Prix à l'achat:** $$$.

Merlan, merlue en Méditerranée

Nom angl.: Whiting. **Nom scient.:** *Merlangius merlangus* (Linné) 1758. **Appellations erronées:** Merluchon. **Caractéristiques:** Le merlan excède rarement le poids de 2,7 kg (4 à 6 lb), son corps est d'une belle couleur argentée, sa chair molle et délicate s'effeuille. **Qualité:** ★★★. **Prix à l'achat:** $$$.

Morue/Cabillaud

Noms angl.: Atlantic Cod, Cod. **Nom scient.:** *Gadus morhua* (Linné) 1758. **Appellations erronées:** Morue commune. **Caractéristiques:** Le véritable nom de ce poisson est cabillaud. Au Québec, il est appelé morue et, le restera certainement. Pourquoi deux noms? C'était tout simplement pour le différencier de frais (cabillaud) et salé (morue). Sa chair nourrissante s'effeuille en larges chevrons à la cuisson. Son poids moyen est d'environ 2,3 kg (5 lb). **Qualité:** ★★★★★. **Prix à l'achat:** $$$.

Aiglefin/Églefin

Nom angl.: Haddock. **Nom scient.:** *Melanogammus aeglefinus* (Linné) 1758. **Appellations erronées:** Morue. **Caractéristiques:** Tête et dos de couleur gris violacé, pâlissant sous la ligne latérale noire pour devenir de couleur gris argenté avec des reflets rosâtres sur le ventre. Sa taille peut varier de 38 à 62 cm (15 po à 2 pi) et son poids se situe entre 0,9 à 18 kg (2 à 40 lb). Comme tous les gadidés, sa chair s'effeuille à la cuisson. Son goût est tout en finesse. **Qualité:** ★★★★. **Prix à l'achat:** $$$.

Poulamon

Nom angl.: Atlantic Tom cod. **Nom scient.:** *Microgadus Tom Cod* (Walbaum) 1792. **Appellations erronées:** Loche, petite morue, poisson des chenaux. **Caractéristiques:** Qui ne connaît pas ce petit poisson au Québec popularisé sous le nom poisson des chenaux au Québec? D'une couleur brune olive, teinté de vert ou de jaune, il dépasse rarement 45 cm (18 po). **Qualité:** ★★★. **Prix à l'achat:** $$$.

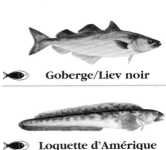

Goberge/Liev noir

Noms angl.: Boston bluefish, Pollock, Saithe (GB). **Nom scient.**: *Pollachius virens* (Linné) 1758. **Appellations erronées**: Colin, merlan, liev (au Canada). **Caractéristiques**: Ce poisson, pesant de 1 à 7 kg (2 ¼ à 15 ½ lb), mesurant de 50 à 90 cm (20 à 35 po), possède un dos de couleur vert brunâtre, qui devient jaunâtre avec un ventre gris argenté et se nomme goberge, au Québec, liev noir en France et a d'autres cousins: le liev jaune (*Pollachius pollachius*) ainsi que le liev de l'Alaska (*Theraga chalcogamma*). C'est ce poisson qui sert à la fabrication des surimis (crevettes – crabes – St-Jacques – pétoncles). **Qualité**: ★★★. **Prix à l'achat**: $$$.

Loquette d'Amérique

Noms angl.: Bloch et Schneider. **Nom scient.**: *Macrozoarces americanus.* **Appellations erronées**: Eelpout. **Caractéristiques**: Ce poisson peut atteindre 1,15 m (3 ¾ pi) et un poids de 5,5 kg (12 lb), mais en général les exemplaires de plus de 80 cm (31 ½ po) sont rares. Sa couleur varie de jaunâtre au brun rougeâtre, parsemée de taches grises ou vert olive. **Qualité**: ★★★. **Prix à l'achat**: $$.

Saida

Nom angl.: Artic cod. **Nom scient.**: *Boreogadus saida* (Lepechin) 1774. **Appellations erronées**: Morue polaire, morue arctique. **Caractéristiques**: Le saida se distingue par une queue fourchue et un corps mince. Seules cette espèce et la goberge ont 3 nageoires dorsales et un petit barbillon. Ce poisson vit en eau très froide et ne dépasse que rarement 22 cm (9 po). **Qualité**: ★★★★. **Prix à l'achat**: $$$.

Capelan

Nom angl.: Poor Cod. **Nom scient.**: *Trisopterus minutus.* **Caractéristiques**: Poisson qui ne dépasse que rarement 15 cm. Comme la mustelle, il possède deux longues nageoires pelviennes. Au Québec le capelan n'est pas le même poisson. **Qualité**: ★★★. **Prix à l'achat**: $$$.

Tacaud

Nom angl.: Pout. **Nom scient.**: *Trisopterus luseus.* **Appellation erronée**: Tacaud commun. **Caractéristiques**: Poisson côtier d'eau froide, dont la chair s'altère facilement. Comme le capelan européen, la merluche-écureuil et le brosme, il possède de longues nageoires pectorales. **Qualité**: ★★★. **Prix à l'achat**: $$$.

Morue du Pacifique

Nom angl.: Walleye pollock. **Nom scient.**: *Thèragra chalcogramma.* **Appellations erronées**: Pollack morue. **Caractéristiques**: Ce poisson à dos vert olive ou brun aux flanes argentés possède une chair blanche et maigre. Il pèse de 600 à 900 gr. **Qualité**: ★★★. **Prix à l'achat**: $$.

Poutassou

Nom angl.: Blue Whiting. **Nom scient.**: *Miromesistius.* **Appellations erronées**: Goberge. **Caractéristiques**: Le poutassou ressemble beaucoup à la goberge. Il se tient en eau profonde. **Qualité**: ★★★. **Prix à l'achat**: $$.

Autres gadidés

Merlu du Pacifique – Pacific Hake – *Merluccius Productus*; Morue du Pacifique occidental – Walleye Pollock – *Theraga Chaleogamma*; Morue Lingue – Lingeod – *Ophidion elongatus*; Ogac – Genland cod – *Gaduc*; Julienne ou Grande lingue – *Erepean ling* – Molva – Molva linné.

Blancs de cabillaud
à la vapeur d'algues sur une purée
de pommes de terre aux pignons grillés

4 portions · Difficulté : 2 · Préparation : 20 min · Cuisson : 10 min

- 500 ml (2 tasses) de vin blanc
- 1 petit oignon espagnol, en fines rondelles
- 1 carotte moyenne, en fines rondelles
- 1 bouquet garni
- 60 g (2 oz) d'algues varech, déshydratées
- 6 grains de poivre noir
- Le jus d'un citron
- Sel de mer
- Poivre blanc moulu
- 4 blancs de cabillaud/morue de 150 à 180 g
- (5 à 6 oz), épais de préférence

**PURÉE DE POMMES DE TERRE
AUX PIGNONS GRILLÉS**

- 1 kg (2,2 lb) de pommes de terre à purée
  (au Québec : Idaho, en France : Bintje)
- 120 g (½ tasse) de beurre non salé
  en pommade (température ambiante)
- 180 ml (⅔ tasse) de crème 35 %,
  de double crème ou de lait
- Sel et poivre blanc moulu
- 90 g (¾ tasse) de pignons, grillés

- Dans une casserole assez large, verser 1 litre d'eau (4 tasses) et 500 ml (2 tasses) de vin blanc. Ajouter l'oignon, les carottes, le bouquet garni, les algues, les grains de poivre et le jus de citron. Couvrir et cuire doucement 20 min. Goûter le court-bouillon et saler au besoin. Mettre une marguerite au fond de la casserole ; le court-bouillon ne doit pas dépasser le fond de la marguerite. Saler et poivrer de chaque côté les blancs de cabillaud avec le sel de mer et du poivre blanc moulu. Couvrir et cuire environ 6 à 7 min ou 70 °C (160 °F) à cœur.

PURÉE DE POMMES DE TERRE AUX PIGNONS GRILLÉS

Réussir une purée de pommes de terre n'est pas si facile que l'on pourrait le penser !

Choisir tout d'abord une qualité de pommes de terre qui n'absorbe pas le liquide ; de préférence cuire les pommes de terre entières dans l'eau salée. Elles doivent être bien cuites. Pendant la cuisson, faire les préparations suivantes :

- Chauffer la crème ou le lait.
- Le beurre doit être en pommade, c'est-à-dire à température ambiante.
- Chauffer le récipient où l'on moulinera les pommes de terre.
- Égoutter rapidement les pommes de terre bien cuites et les mouliner au presse-purée et non au robot de cuisine.
- À chaud, incorporer le beurre en pommade, puis la crème très chaude, saler et poivrer au goût, et ajouter les pignons grillés.
- Servir immédiatement.

SERVICE (1ʳᵉ FAÇON)

Dans une assiette creuse, verser du court-bouillon avec les éléments aromatiques et disposer les blancs de cabillaud, ce que nous appelons en cuisine une nage. La pomme de terre en purée aux pignons grillés sera servie « à part ».

SERVICE (2ᵉ FAÇON)

Dans un bol, servir le bouillon de cuisson avec les légumes, ce qui fera office de consommé ; puis sur une assiette plate chaude, servir le blanc de cabillaud avec la purée de pommes de terre aux pignons grillés à côté. Un beurre non salé à température ambiante sur chaque morceau de poisson sera une petite gâterie.

4 portions · Difficulté : 4 · Préparation : 40 min · Cuisson : 20 min

INGRÉDIENTS

PRÉPARATION

CRÊPES (12)

- 115 g (³/₄ tasse) de farine de froment[1] ou de farine blanche
- 40 g (¹/₄ tasse) de farine de blé noir ou de farine blanche
- 2 œufs entiers
- Sel
- Sucre
- 125 ml (¹/₂ tasse) d'eau
- 160 ml (²/₃ tasse) de lait 3,25 %
- 60 g (¹/₄ tasse) de beurre demi-sel, fondu

EFFILOCHAGE

- 390 g (13 oz) de morue salée
- 500 ml (2 tasses) de court-bouillon (recette de base, voir p. 12)
- 625 ml (2 ¹/₂ tasses) de velouté de poisson (recette de base, voir p. 12)
- 120 g (¹/₂ tasse) de câpres
- Sel et poivre
- 180 g (³/₄ tasse) de beurre non salé en pommade (température ambiante)
- 100 g (2 ¹/₂ tasses) de mie de pain blanc frais

ÉQUIVALENT

Tous les poissons de la même famille.

CRÊPES

- Dans un cul-de-poule ou une terrine, mélanger les farines, creuser un puits au centre et casser les œufs entiers.
- Ajouter une pincée de sel et une pincée de sucre. Remuer avec une spatule en bois en incorporant peu à peu l'eau et le lait. Travailler ce mélange afin d'obtenir une pâte lisse. Ajouter le beurre fondu et laisser reposer 1 h.
- À l'aide d'un petit tampon de toile, graisser légèrement les poêles à crêpes.
- Mélanger une dernière fois la pâte à la louche et confectionner les 12 crêpes.
- Réserver au chaud.

EFFILOCHAGE

- Dessaler la morue salée 6 h sous un filet d'eau froide.
- Porter à ébullition le court-bouillon et cuire la morue 3 min. Égoutter et effilocher la morue.
- Chauffer le velouté de poisson. En prendre la moitié et mélanger la morue, ajouter les câpres. Rectifier l'assaisonnement.
- Préchauffer le four à 200 °C (400 °F).
- Farcir les crêpes avec le mélange, badigeonner généreusement avec 60 g (¼ tasse) de beurre un plat allant au four ; bien ranger les crêpes puis napper avec le reste du velouté de poisson. Parsemer avec la mie de pain blanc[2], parsemer de noix de beurre restant et cuire au four une quinzaine de minutes. Servir très chaud.

INFORMATION

(1) On peut remplacer la farine de froment par de la farine de sarrasin.

(2) On peut remplacer la mie de pain blanc par du fromage râpé, ce qui masquera malheureusement toutes les saveurs des fruits de mer.

Tian de filets d'aiglefin
au beurre de noisette

4 portions · Difficulté : 5 · Préparation : 30 min · Cuisson : 30 min

COUSSIN DE PANAIS

• Dans une poêle, chauffer le beurre et l'huile de noisette. Saler et poivrer les rondelles de panais et saisir vivement jusqu'à légère coloration, réduire la chaleur, couvrir et cuire jusqu'à ce qu'elles soient tendres à la pointe d'un couteau. Le panais garde mieux ses saveurs s'il est cuit sans humidité.

• Dans un sautoir, chauffer le beurre et saisir les épinards. Saler, poivrer et laisser refroidir.

TIAN

• Le tian est un plat provençal rond. En cuisine actuelle, on le remplace par un cercle de 12 à 14 cm (4 à 5 po) de diamètre.

• Mettre les cercles au fond d'une plaque ou une lèchefrite allant au four. Superposer sur deux épaisseurs les rondelles de panais, une épaisseur d'épinards et deux épaisseurs de panais. Conserver au four à 170 °C (340 °F) pendant la cuisson du poisson.

• Dans une poêle à fond épais, chauffer le beurre et l'huile de noisette. Saler, poivrer et fariner les morceaux de filet d'aiglefin.

• Colorer les filets de chaque côté, réduire la chaleur, tout en arrosant avec le beurre de cuisson. Lorsqu'on atteint 68 °C (155 °F) à cœur, extraire le gras de cuisson et ajouter 60 g (¼ tasse) de beurre non salé ou de beurre de noisette[1].

COUSSIN DE PANAIS

• 60 g (¼ tasse) de beurre non salé
• 60 ml (¼ tasse) d'huile de noisette ou d'huile au goût
• 400 g (4 ½ tasses) de panais moyens, en fines rondelles
• Sel et poivre du moulin
• 60 g (¼ tasse) de beurre non salé
• 300 g (6 tasses) d'épinards en feuilles, bien lavés, équeutés et égouttés

TIAN

• 60 g (¼ tasse) de beurre non salé
• 60 ml (⅓ tasse) d'huile de noisette ou d'huile au choix
• 4 morceaux de filets d'aiglefin épais
• Sel et poivre du moulin
• 100 g (⅔ tasse) de farine tamisée
• 60 g (¼ tasse) de beurre non salé, en pommade ou de beurre de noisette (à température ambiante)
• Le jus de 2 citrons frais pressé

ÉQUIVALENT

Tous les poissons de la même famille.

SERVICE

À l'aide d'une spatule, disposer au fond de chaque assiette un coussin de panais, mettre les filets d'aiglefin sur le dessus. Verser un peu de jus de citron et le beurre noisette sur chaque filet. Servir très chaud.

INFORMATION

(1) On trouve du beurre de noisette dans les magasins spécialisés en aliments naturels.

Petits merlans en robe de chapelure et tomates séchées

CHAPELURE
- Pain blanc, en tranches
- 120 g (½ tasse) de tomates séchées
- 20 g (⅓ tasse) de persil déshydraté

MERLANS
- 2 jaunes d'œufs
- 60 ml (¼ tasse) de lait
- Sel et poivre du moulin
- 4 petits merlans de 210 à 240 g (7 à 8 oz), épongés et réservés au réfrigérateur
- 100 g (⅔ tasse) de farine tamisée
- 120 g (½ tasse) de beurre non salé
- 160 ml (⅔ tasse) de fond de veau brun lié ou l'équivalent du commerce

---

ÉQUIVALENT
Tous les petits poissons de la même famille.

SERVICE
Autour de chaque poisson, on versera un filet de fond de veau très chaud lié. À l'intérieur de chaque poisson, on y déposera les petits légumes.

Demandez à votre poissonnier qu'il enlève les arêtes de chaque petit merlan par le ventre en gardant la queue tout en coupant toutes les petites nageoires ou utilisez la technique de la page 69.

CHAPELURE
- Laisser le pain 1 h non couvert sur le comptoir de cuisine.
- Enlever les croûtes et mélanger au robot de cuisine en ajoutant les tomates séchées et le persil. Bien mixer pour obtenir une chapelure fine. Cette chapelure se conservera plusieurs jours au réfrigérateur dans un contenant à fermeture hermétique.

MERLANS
- Dans un bol, battre les jaunes d'œufs et le lait.
- Saler et poivrer l'intérieur et l'extérieur des merlans, fariner et tremper dans le mélange d'œufs et de lait. Les enrober de chapelure fraîche.
- Dans une poêle à fond épais, chauffer le beurre, saisir et faire dorer sur chaque côté les merlans de 5 à 6 min ou jusqu'à ce qu'ils atteignent 68 °C (155 °F) à cœur. Réduire la chaleur.
- Arroser souvent car ce poisson est très fragile. Le beurre aura été absorbé entièrement par les merlans et formera une croûte qui gardera les poissons moelleux à l'intérieur.

Chaussons aux flocons
de julienne en pâte de homard

4 portions · Difficulté : 5 · Préparation : 35 min · Cuisson : 30 min

- Préchauffer le four à 200 °C (400 °F).

- À l'aide d'une marguerite, cuire le morceau de julienne ou grande lingue à la vapeur d'eau salée, environ 10 min à couvert. Au terme de la cuisson, effilocher le morceau de poisson, saler, poivrer et conserver au réfrigérateur.

- Mettre la pâte de homard dans un cul-de-poule, incorporer et mélanger l'effilochée de julienne. Rectifier l'assaisonnement et conserver au réfrigérateur.

- Étendre la pâte feuilletée, faire des ronds de 18 cm (7 po) de diamètre et de 0,25 cm (⅟₁₆ po) d'épaisseur.

- À l'aide du pouce, appuyer tout autour la pâte et badigeonner avec la dorure (jaune d'œuf mélangé avec un peu d'eau ou de lait).

- Répartir sur les quatre abaisses de pâte le mélange de homard et de julienne, refermer les chaussons et appuyer de nouveau tout autour pour que les deux abaisses de pâte soient bien scellées. Badigeonner généreusement de dorure.

- À l'aide des pointes de fourchette, marquer deux fois en croisé et cuire au four environ 20 min en prenant soin que la chaleur ne soit pas trop intense dessous. Lorsque les chaussons seront cuits en dessous, mettre une plaque à l'envers pour la protection.

- Chauffer la bisque de homard.

INGRÉDIENTS

- 300 g (10 oz) de julienne ou de morue lingue (Canada)
- 2 boîtes de pâte de homard de 200 g (environ 7 oz) chacune[1]
- Sel et poivre du moulin
- 600 g (20 oz) de pâte feuilletée du commerce
- 2 jaunes d'œufs
- 250 ml (1 tasse) de bisque de homard (voir p. 15) ou l'équivalent de commerce
- 1 paquet de feuilles d'épinard

ÉQUIVALENT
Tous les poissons de la même famille.

SERVICE
Verser la sauce au fond de l'assiette, disposer les chaussons et garnir d'épinards sautés au beurre.

INFORMATION
(1) La pâte de homard se trouve en conserve dans les poissonneries.

Filets de brosme ou de merluche-écureuil, coulis de tomate, câpres et champignons

4 portions · Difficulté : 4 · Préparation : 40 min · Cuisson : 20 à 30 min

- 60 ml (¼ tasse) d'huile d'olive extravierge
- 240 g (4 tasses) de champignons blancs et fermes, en petits dés et bien lavés
- 6 tomates mûres, émondées, épépinées et coupées en dés
- 4 oignons verts, partie blanche et verte, hachés
- 3 gousses d'ail, écrasées et hachées
- 30 g (⅓ tasse) de carottes, coupées en brunoise
- 1 branche de céleri, coupée en brunoise
- 175 ml (¾ tasse) de jus de palourde ou de fumet de poisson
- 1 bouquet garni
- Piment d'Espelette
- Sel et poivre
- 4 grosses pommes de terre, en rondelles de 3 mm (⅛ po)
- 4 filets de brosme ou de merluche-écureuil de 180 g (6 oz)
- 60 g (¼ tasse) de câpres
- 30 g (⅔ tasse) de ciboulette, ciselée

ÉQUIVALENT
Tous les poissons de la même famille.

- Dans une poêle, chauffer l'huile d'olive, faire suer les champignons afin d'extraire le maximum de liquide, ajouter les tomates, les oignons verts, l'ail, les carottes et le céleri. Cuire de 3 à 4 min.

- Ajouter le jus de palourde, le bouquet garni et le piment d'Espelette. Saler, poivrer et réserver.

- Dans une casserole remplie d'eau bouillante salée, blanchir les pommes de terre.

- Préchauffer le four à 180 °C (350 °F).

- Dans un plat allant au four, mettre les filets de brosme bien serrés les uns contre les autres, saler et poivrer.

- Verser la moitié du coulis aux tomates et aux champignons, parsemer les câpres et couvrir bien à plat les rondelles de pommes de terre et terminer en versant le reste du coulis.

- Couvrir de papier sulfurisé ou ciré et cuire au four jusqu'à ce que la température atteigne 68 °C (155 °F) à cœur.

- Retirer le papier sulfurisé, parsemer de ciboulette et servir très chaud dans un plat au centre de la table.

FAMILLE DES SALMONIDÉS

Pour un cuisinier, cette famille de poissons est d'une grande noblesse. La beauté de ces poissons et leur couleur font que lorsqu'on les traite en cuisine, ce devrait être une fête.

La taille des salmonidés varie de modérée à grande. De forme et d'apparence variables, ils ont, en général, le corps moins comprimé que celui du hareng.

Différents noms sont donnés au saumon pour distinguer les phases de sa croissance. Les jeunes nouvellement éclos sont appelés «alevins», après leur sortie du gravier ils sont appelés «alevins de moins d'un an» ou «alevins de la grosseur du doigt»; un peu plus tard, les jeunes saumons sont appelés «tacons» et ils peuvent rester dans les cours d'eau sous forme de tacons de 2 à 3 ans, jusqu'à ce qu'ils descendent à la mer sous forme de «smolts» argentés. Ceux qui reviennent après un hiver en mer sont appelés «castillons» ou «saumons» s'ils ont passé 2 ans ou plus en mer. Les saumons comme certains ombles chevaliers sont anadromes – ils vivent en eau salée et se reproduisent en eau douce.

Le saumon d'eau douce, aussi connu sous le nom de ouananiche», est ordinairement plus petit que le saumon anadrome. Le poids moyen du saumon d'eau douce est de 900 g à 1,9 kg (2 à 4 lb), mais la ouananiche du lac Saint-Jean peut atteindre 3,4 kg (7 lb). Dans l'Atlantique, il y a une seule espèce de saumon que l'on appelle saumon de l'Atlantique, alors que du côté du Pacifique, cinq espèces sont fréquemment pêchées.

Famille des salmonidés

Petit   Moyen   Gros.

Ombre arctique

Nom angl.: Arctic Gayling. **Nom scient.:** *Thymallus arcticus* (Pallas). **Appellations erronées:** Poisson bleu, omble de l'Arctique. **Caractéristiques:** Ce poisson réservé à la pêche sportive devient fort dispendieux, car il ne se pêche que dans le Gand Nord. Mais quel poisson! D'une grande délicatesse, sa chair possède des saveurs de thym. **Qualité:** ★★★★★. **Pêche sportive**

Omble chevalier

Nom angl.: Artic Char. **Nom scient.:** *Salvelinus alpinus* (Linné). **Appellation erronée:** Omble de l'Arctique. **Caractéristiques:** Ce poisson qui ne se pêche qu'au nord du 50e parallèle, possède une chaire d'une grande finesse mais supporte mal la congélation. On trouve ce poisson d'élevage moins «majestueux» que le sauvage. **Qualité:** ★★★. **Prix:** $$$$.

Touladi

Nom angl.: Lake Trout. **Nom scient.:** *Salvelinus namaycus* (Walbaum). **Appellation erronée:** Truite grise. **Caractéristiques:** Le touladi est un poisson de lac; il vit en eau profonde. Atteignant des poids imposants, sa chair à la cuisson dégage des odeurs de noisette et des saveurs qui fondent en bouche. **Qualité:** ★★★★. **Prix:** $$$.

Omble de fontaine

Nom angl.: Brook Trout. **Nom scient.:** *Salvelinus fontinalus* (Mitchill). **Appellation erronée:** Truite mouchetée. **Caractéristiques:** Sa chair possède une grande finesse. L'omble de fontaine est un poisson de pêche sportive hautement estimé. Son poids peut atteindre 1,4 kg (3 lb). **Qualité:** ★★★★. **Prix:** $$$$.

Truite arc-en-ciel

Nom angl.: Rainbow Trout. **Nom scient.:** *Salma gairdneri* (Richardson) 1836. **Appellations erronées:** Silver Trout, truite de lac. **Caractéristiques:** Ce poisson a été le premier salmonidé à être produit en élevage, il a été dévalorisé mais les piscicultures modernes ont beaucoup amélioré la qualité de cette truite. **Qualité:** ★★★★. **Prix:** $$$.

Saumon de l'Atlantique

Nom angl.: Atlantic Salmon. **Nom scient.:** *Salmo salar* (Linné). **Appellation erronée:** Saumon de Gaspé. **Caractéristiques:** D'un poids pouvant varier de 1,4 kg à 9,2 kg (3 à 20 lb) et plus, il est le seul de la famille des saumons en Atlantique. Grâce à l'élevage, ce majestueux poisson est devenu à la portée de tous. **Qualité:** ★★★★ **Prix:** $$$.

Saumon Kokani/saumon Nerka

Nom angl.: Sockeye salmon. **Nom scient.:** *Oncorhynchus nerka* (Walbaum). **Appellation erronée:** Saumon rouge. **Caractéristiques:** Le meilleur saumon de la grande famille des saumons du Pacifique. Tous les saumons du Pacifique meurent toujours à leur retour en eau douce après la reproduction (mâles et femelles); cela n'arrive pas au saumon de l'Atlantique. **Qualité:** ★★★★. **Prix:** $$$$.

Saumon Coho

Noms angl. : Coho Salmon, Silver Salmon. **Nom scient. :** *Oncorhynchus kisutch* (Walbaum). **Appellation erronée :** Saumon argenté. **Caractéristiques :** Le saumon Coho a depuis longtemps une importance commerciale et sportive considérable en Colombie-Britannique. C'est un poisson de haute qualité que l'on retrouve fréquemment sur l'étal de nos poissonniers. **Qualité :** ★★★. **Prix :** $$$$.

Saumon Keta

Noms angl. : Chum Salmon, Silverbright Salmon. **Nom scient. :** *Oncorhynchus keta* (Walbaum). **Appellations erronées :** Saumon chien, saumon chum, saumon qualla. **Caractéristiques :** La chair de ce saumon est blanche tirant sur le crème. De tous les saumons, c'est celui dont la chair a la plus faible teneur en gras. Ce saumon est généralement réservé à la conserve. **Qualité :** ★★★. **Prix :** $$$.

Saumon Quinnat ou saumon Chinook

Noms angl. : Chinook Salmon, King Salmon. **Nom scient. :** *Oncorhynchus tshawytscha* (Walbaum). **Appellation erronée :** Saumon roi. **Caractéristiques :** Ce saumon peut avoir une chair rouge ou blanche, et c'est aussi lui qui peut devenir très gros. Le plus gros spécimen pêché pesait 55 kg (120 lb), mais on peut fréquemment en capturer de 22 à 30,8 kg (40 à 70 lb). **Qualité :** ★★★. **Prix :** $$$.

Saumon rose

Nom angl. : Pink salmon. **Nom scient. :** *Oncorhynchus gorbuscha*. **Appellation erronée :** Humpback. **Caractéristiques :** Son corps est comprimé latéralement, il se dénomme aussi saumon bossu, car durant la migration de fraie, il se forme sur le dos des mâles une bosse prononcée devant la nageoire dorsale. **Qualité :** ★★. **Prix :** $$.

Corégone/Féra/Lavaret

Noms angl. : Lake Whitefish, Common Whitefish. **Nom scient. :** *Coregonus clupeaformis* (Mitchill). **Appellation erronée :** Corégone de lac, poisson blanc. **Caractéristiques :** Négligé sur le plan culinaire en Amérique du Nord, ce poisson appelé féra et lavaret possède de grandes qualités gustatives. **Qualité :** ★★★. **Prix :** $$.

Autres Salmonidés

Truite fardée – Cutthroat – *Salmo clarki* – Clark's trout/Truite brune – Brown Trout – *Salmo trutta* – Lochleven Trout/Dolly Varden – *Salvelinus malma* – Salmon Trout /Inconnu – Sheefish – *Stenodus levcichthys* – Connie, poisson blanc.

Tranches de saumon de l'Atlantique grillées, sauce au vin rouge

4 portions · Difficulté : 4 · Préparation : 2 h à 3 h 30 · Cuisson : 20 min

- Déposer les échalotes dans une casserole, verser le vin rouge et réduire de 80%, ajouter le fumet de poisson, cuire de 3 à 4 min, puis lier légèrement avec un peu de roux blanc. Saler et poivrer. Pendant cette cuisson, préparer la garniture, bien nettoyer et éponger les chanterelles, les couper en deux si elles sont grosses. Dans une poêle à fond épais, chauffer le beurre, puis sauter les chanterelles assez vivement, ajouter les escargots, saler et poivrer. Réserver. Huiler, saler, poivrer les tranches de saumon, puis les griller pour atteindre 65 °C (150 °F) à cœur.

- 3 échalotes, hachées
- 750 ml (3 tasses) de vin rouge tannique
- 250 ml (1 tasse) de fumet de poisson
- Sel et poivre du moulin
- Roux blanc cuit (recette de base voir p. 12)
- 80 g (⅓ tasse) de beurre non salé
- 400 g (6 ½ tasses) de girolles ou de chanterelles, émincées
- 24 escargots de Bourgogne en conserve, égouttés
- Sel et poivre du moulin
- 4 c. à café (4 c. à thé) d'huile de tournesol
- 4 tranches de saumon de 180 g (6 oz)

ÉQUIVALENT
Toutes les familles des saumons et des corégones.

SERVICE
Déposer les chanterelles et les escargots au fond de chaque assiette, puis les tranches de saumon, et napper avec la sauce vin rouge.

TECHNIQUE
Comment lever les filets de saumon.

| Longer l'arête dorsale avec le couteau. | Lever les filets. | Enlever la peau. | Couper les filets en portions. |

Omble chevalier farci aux légumes, sauce au porto selon M. Fernand Point

4 portions · Difficulté : 6 · Préparation : 40 min · Cuisson : au thermomètre

Demandez à votre poissonnier d'enlever les arêtes de l'omble chevalier par le ventre, tout en conservant la tête et la queue ou utilisez la technique illustrée à la page 69.

- Ouvrir le poisson, saler et poivrer, l'envelopper et le conserver au réfrigérateur.

FARCE

- Dans un sautoir ou une casserole, chauffer doucement le beurre, ajouter les légumes, saler, poivrer et étuver à couvert doucement, jusqu'à ce que les légumes soient cuits.
- Laisser refroidir et incorporer les jaunes d'œufs.
- Préchauffer le four à 180 °C (350 °F).
- Ouvrir l'omble et répartir les légumes le long de la colonne d'arêtes.
- À l'aide d'un pinceau, badigeonner les bords internes du ventre avec le blanc d'œuf. Refermer et mettre dans un plat de cuisson allant au four.
- Verser le porto et les échalotes. Saler et poivrer. Recouvrir d'un papier sulfurisé beurré et cuire au four pour atteindre une température interne de 68 °C (155 °F).
- À l'aide d'une spatule, retirer l'omble, enlever immédiatement la peau et conserver au chaud, recouvert d'un linge humide.
- Faire réduire le fond de cuisson de 90 %, ajouter le fond de volaille et le velouté de poisson lié. Laisser mijoter quelques minutes et passer à la passoire étamine. Rectifier l'assaisonnement.

INGRÉDIENTS

- 1 omble chevalier de 0,8 kg à 1 kg (1 ³/₄ à 2 lb)
- Sel et poivre du moulin
- 80 g (¹/₃ tasse) de beurre non salé
- 1 petite carotte, émincée finement
- 2 branches de cœur de céleri, émincées finement
- 1 blanc de poireau, émincé finement
- 1 panais, émincé finement
- 100 g (2 tasses) de feuilles d'épinard, émincées finement
- 2 jaunes d'œufs, battus
- 2 blancs d'œufs, battus
- 310 ml (1 ¹/₄ tasse) de porto rouge
- 60 g (¹/₃ tasse) d'échalotes, hachées très finement
- 1 c. à soupe de beurre
- 1 feuille de papier sulfurisé ou d'aluminium
- 160 ml (²/₃ tasse) de fond brun de volaille lié (voir p. 17)
- 160 ml (²/₃ tasse) de velouté de poisson (voir p. 12)
- 375 g (1 ¹/₂ tasse) de pommes de terre parisiennes

ÉQUIVALENT
Tous les poissons de la famille des salmonidés.

SERVICE
Disposer l'omble chevalier sur un plat. Verser la sauce et garnir de pommes de terre parisiennes cuites à l'eau salée.

RÉFLEXIONS
À tout seigneur tout honneur, M. Fernand Point a été un des plus grands cuisiniers du xxᵉ siècle. L'omble chevalier est certainement un des meilleurs poissons de notre continent. Cependant, il y a un mais ! L'omble chevalier n'est pas commercialisé et il se congèle très mal. Alors il faut se contenter des ombles d'élevage, qui malgré la bonne volonté des producteurs, n'égaleront jamais l'omble sauvage. À moins que vous pêchiez au-dessus du 55ᵉ parallèle (au Canada) ou dans les hauts lacs des montagnes en Europe.

Corégone, lavaret ou féra en papillote aux petits légumes et aux herbes

4 portions · Difficulté : 4 · Préparation : 30 min · Cuisson : env. 15 min par 500 g (1 lb)

INGRÉDIENTS

- 1 corégone, lavaret ou féra de 1 kg à 1,2 kg (2 ¼ à 2 ½ lb)
- Sel de mer et poivre du moulin
- 60 g (⅔ tasse) de carottes, émincées
- ½ blanc de poireau, émincé
- 1 petit panais, émincé
- 50 g (1 tasse) de feuilles d'épinard, émincées
- 25 g (½ tasse) de ciboulette, émincée
- 30 g (1 tasse) de feuilles de livèche, hachées grossièrement
- 20 g (⅔ tasse) de persil, haché grossièrement
- 25 g (1 tasse) de feuilles d'oseille, hachées grossièrement
- Sel et poivre du moulin
- ½ blanc d'œuf
- 60 g (¼ tasse) de beurre en pommade non salé (température ambiante)
- 160 ml (⅔ tasse) de vin blanc sec
- 315 g (1 ¼ tasse) de pommes de terre rattes

SERVICE

Servir immédiatement avec des pommes de terre cuites à l'eau salée ou à la braise ou au four.

N.B.

Ne jamais enlever la peau, mais ne pas oublier de gratter les écailles. Toutes les peaux des poissons se mangent et, en plus, elles protègent la chair.

PRÉPARATION

La cuisson en papillote est un dérivé de la cuisson à la braise. Elle se pratique plus facilement l'été sur le barbecue au retour de la pêche. Choisir un papier sulfurisé ou aluminium, pour la facilité le papier aluminium ; pour la santé le papier sulfurisé.

Le corégone que nous négligeons souvent au Québec est un poisson très prisé en Europe. Il porte le nom de lavaret (mot savoyard) ou féra qui font partie tous les deux de la famille des corégones.

- Retirer les arêtes du poisson par le ventre en prenant bien soin qu'il n'en reste plus aucune. En revanche, conserver la tête et la queue.

- Saler au sel de mer et au poivre du moulin. Conserver au réfrigérateur dans un linge propre légèrement humide.

- Dans une casserole remplie d'eau bouillante salée, cuire les carottes, le poireau et le panais jusqu'à ce qu'ils soient tendres. Égoutter.

- Bien mélanger les épinards, la ciboulette, la livèche, le persil et l'oseille aux légumes. Saler, poivrer et ajouter le blanc d'œuf légèrement battu.

- Étendre la feuille de papier sulfurisé ou d'aluminium. Prendre soin qu'elle soit assez grande pour sceller les bords.

- À l'aide d'un pinceau, bien beurrer le papier. Mettre le poisson ouvert, puis répartir le mélange aux herbes et aux légumes au centre. Refermer le poisson dans le papier en laissant une petite ouverture sur le dessus. Verser le vin blanc puis refermer hermétiquement.

- Cuire sur le barbecue à chaleur moyenne ou au four à 180 °C (350 °F). Il faut compter 15 min par 500 g (1 lb) de poisson. C'est un temps approximatif, car nous ne pouvons évidemment pas l'ouvrir.

- Au terme de la cuisson, disposer le corégone dans une grande assiette au centre de la table, l'ouvrir avec un couteau ou un ciseau… que de bonnes odeurs !

Ombles de fontaine amandine

4 portions · Difficulté : 3 · Préparation : 10 min · Cuisson : 10 min

Cette recette est d'une grande simplicité et avec des ingrédients de haute qualité, c'est un délice.

• Chauffer la poêle et y mettre l'huile et 30 g (1 oz) de beurre.

• Assaisonner et fariner les truites, attendre que le mélange beurre-huile soit mousseux et les déposer dans la poêle. Bien dorer des deux côtés.

• Réserver au chaud.

• Dégraisser et y mettre les amandes pour les dorer.

• Ajouter le beurre restant, le chauffer jusqu'à ce qu'il devienne noisette (un peu après qu'il a été mousseux).

• Verser le jus de citron sur les truites et verser le beurre noisette avec les amandes sur les truites citronnées. Le citron aura pour effet de refaire mousser le beurre sur les truites.

• 50 ml (¼ tasse) d'huile
• 60 g (¼ tasse) de beurre non salé
• Farine
• 8 ombles de fontaine
• 30 g (1 oz) d'amandes effilées
• Sel et poivre
• Jus de 1 ½ citron

SERVICE
Servir avec une salade du jardin et des herbes fraîches.

Flans de truite au coulis d'écrevisses

4 portions · Difficulté : 4 · Préparation : 40 min · Cuisson : 15 min

• Saler et poivrer les dés de truite et réserver au réfrigérateur.

• Porter à ébullition le lait et, l'huile d'amande. Saler et poivrer.

• Saisir les dés de truite et, aux premiers bouillonnements, à l'aide d'une araignée, les retirer et les égoutter sur du papier absorbant.

• Réduire le lait de moitié.

• Incorporer la crème et les œufs. Rectifier l'assaisonnement au besoin.

• À l'aide d'un pinceau, badigeonner des ramequins avec le beurre.

• Répartir les dés de truite et verser le mélange uniformément.

• Cuire au four et au bain-marie à basse température à 130 °C (270 °F), jusqu'à ce que le flan soit légèrement ferme.

• Sel de mer et poivre blanc du moulin
• 480 g (1 lb) de filets de truite sans peau, en dés de 0,5 x 0,5 cm (¼ x ¼ po)
• 500 ml (2 tasses) de lait
• 4 c. à café (4 c. à thé) d'huile d'amande
• 175 ml (¾ tasse) de crème 35 %, très froide
• 4 œufs entiers, légèrement battus
• 60 g (¼ tasse) de beurre en pommade (température ambiante)
• 175 ml (¾ tasse) de coulis d'écrevisses ou de homard (recette de base voir p. 15)

SERVICE
Servir immédiatement en versant 2 c. à soupe de coulis d'écrevisse sur les bords des ramequins.

Tranches de saumon nerka ou sockeye grillées, lentilles au beurre de noisette

INGRÉDIENTS

- 4 morceaux de filet de saumon sockeye de 150 à 180 g (5 à 6 oz)
- Sel de Guérande ou sel de mer
- 100 g (1 tasse) de noisettes
- 180 g (³/₄ tasse) de beurre en pommade non salé (température ambiante)
- Le jus d'un citron
- 15 g (¹/₂ tasse) de cerfeuil, haché finement
- Sel et poivre du moulin blanc
- 2 c. à soupe d'huile de tournesol

LENTILLES

- 250 g (1 ¹/₃ tasse) de lentilles Du Puy [1] ou lentilles corail
- ¹/₂ oignon
- ¹/₂ carotte
- ¹/₂ branche de céleri
- 1 feuille de laurier
- 6 grains de poivre
- 2 gousses d'ail en « chemise »
- Sel de mer

SERVICE

Disposer chaque morceau de saumon au fond des assiettes très chaudes, mettre à côté les lentilles et laisser vos invités se servir de beurre de noisette.

INFORMATION

[1] La lentille « Du Puy » est une appellation contrôlée de la qualité d'une des meilleures lentilles, mais vous pouvez utiliser d'autres légumineuses.

PRÉPARATION

- Bien éponger les morceaux de saumon, parsemer quelques grains de sel de Guérande et réserver au réfrigérateur.

BEURRE DE NOISETTE

- Si on achète des noisettes qui possèdent encore la petite peau, il faut la retirer, c'est-à-dire l'émonder en les faisant bouillir dans 500 ml (2 tasses) d'eau bouillante 1 min.
- Rafraîchir légèrement, retirer la petite peau brune et éponger.
- Broyer le plus finement possible les noisettes, incorporer au beurre, ajouter le jus de citron et le cerfeuil. Saler et poivrer. Conserver à température ambiante.

CUISSON DES LENTILLES

- En général les lentilles n'ont plus besoin d'être trempées dans de l'eau pendant plusieurs heures.
- Dans une casserole remplie de 2 litres (8 tasses) d'eau, faire bouillir l'oignon, la carotte, le céleri, le laurier, le poivre, l'ail, 20 min.
- Ajouter les lentilles et cuire jusqu'à ce qu'elles soient fermes mais cuites.
- Saler, bien égoutter et conserver au chaud.
- Dans cette recette, ce sera le beurre de noisette qui relèvera le goût.

CUISSON DU SAUMON

- Procéder toujours par étapes pour faire griller le poisson.
- Badigeonner légèrement d'huile à l'aide d'un pinceau.
- Quadriller de chaque côté à haute température.
- Réduire à chaleur moyenne.
- Terminer à feu doux pour atteindre 68 °C (155 °F) à cœur.
- Toujours laisser le poisson «reposer» quelques minutes sur le coin de la grillade.

Omble de fontaine en turban de pétoncles au beurre blanc à la vanille

4 portions · Difficulté : 5 · Préparation : 30 min · Cuisson : 20 min

FILETS D'OMBLE DE FONTAINE

• À l'aide d'un couteau, aplatir avec délicatesse les filets d'omble de fontaine pour agrandir leur surface afin qu'ils enveloppent bien la mousse de pétoncle. Réserver.

MOUSSE DE PÉTONCLE

• Bien éponger les pétoncles et les mettre dans un robot de cuisine, saler et poivrer. Émulsionner 30 sec, ajouter le blanc d'œuf et la crème. Réserver au réfrigérateur 30 min.

• Préchauffer le four à 155 °C (310 °F).

MONTAGE

• À l'aide d'un pinceau, badigeonner des ramequins avec le beurre.

• Saler et poivrer les filets d'omble de chaque côté et les tapisser sur la paroi des ramequins. Garnir le centre avec la mousse de pétoncle.

• Envelopper chaque ramequin d'une pellicule plastique et réserver au réfrigérateur 1 h.

• Verser 1 litre (4 tasses) d'eau dans une plaque ou une lèchefrite, ajouter les ramequins et cuire au four pour atteindre 68 °C (155 °F) à cœur. Pendant la cuisson, préparer le beurre blanc à la vanille.

• Pendant la cuisson des mousselines de pétoncle, cuire les épinards.

• Dans une poêle à fond épais, chauffer le beurre et faire sauter vivement les épinards, saler et poivrer. Il ne devra plus rester de liquide.

• On peut ajouter des pétoncles grillés.

POURQUOI DE LA VANILLE ?

L'omble de fontaine est un poisson d'une grande délicatesse avec de fines saveurs de noisette. La vanille en infime quantité relèvera les goûts et les saveurs du poisson.

• 4 petits filets d'omble de fontaine
• Sel et poivre blanc moulu
• 300 g (10 oz) de noix de pétoncles
• ½ blanc d'œuf
• 160 ml (⅔ tasse) de crème 35 %
• 60 g (¼ tasse) de beurre non salé en pommade
• 310 ml (1 ¼ tasse) de beurre blanc (recette de base p. 13)[1]
• ½ goutte de vanille
• 500 g (10 tasses) d'épinards en feuilles
• 60 g (¼ tasse) de beurre non salé en pommade (température ambiante)
• Sel et poivre du moulin

ÉQUIVALENT

Tous les poissons de la famille des salmonidés.

SERVICE

Tapisser le fond de chaque assiette d'épinards et retourner les ramequins sur le dessus. Servir immédiatement, accompagné du beurre blanc à la vanille en saucière.

TRUC

(1) Il est important de faire le beurre blanc au dernier moment, car étant très fragile, il faut qu'il soit servi immédiatement lorsqu'il est cuisiné, ½ goutte de vanille ajoutée sera un bon complément.

Truite arc-en-ciel
farcie à la mousse d'amande,
servie froide, sauce mayonnaise

4 portions · Difficulté : 6 · Préparation : 40 min · Cuisson : 20 à 30 min

FARCE

• À l'aide d'un robot de cuisine, broyer le plus fin possible les amandes. Réserver dans un bol.

• Mettre le persil et les filets de truite dans le robot de cuisine. Mixer vivement, saler et poivrer. Incorporer le blanc d'œuf et la crème, ajouter la poudre d'amande et réserver.

• Désosser les truites par le ventre. Saler et poivrer.

• Préchauffer le four à 200 °C (400 °F).

• Répartir la farce sur les truites. Refermer et mettre dans un plat allant au four.

• Verser le fumet de poisson. Recouvrir d'un papier sulfurisé et cuire au four pour atteindre 68 °C (155 °F) à cœur.

• Retirer les peaux pendant que la truite est encore chaude et remettre dans le fond de cuisson jusqu'au lendemain matin.

ŒUFS MIMOSAS

• Dans une casserole remplie d'eau bouillante, cuire les œufs 8 à 10 min suivant la grosseur (œufs durs). Au terme de la cuisson, passer sous l'eau froide. Écailler et couper en deux sur la longueur.

• Extraire le jaune et le passer à la passoire à mailles. Ajouter la moitié du volume de mayonnaise. Saler, poivrer et remplir de nouveau les blancs d'œufs. Une petite feuille de persil sera le petit point de décoration.

TOMATES FARCIES DE MACÉDOINE

• Faire une ouverture sur le dessus de la tomate en retirant les pédoncules et un peu de chair sans abîmer la peau, saler, poivrer et retourner.

• Dans une casserole remplie d'eau bouillante salée, cuire la macédoine. Rafraîchir et bien égoutter. Presser pour extraire le maximum de liquide. Saler et poivrer. Ajouter 80 g (⅓ tasse) de mayonnaise, bien mélanger et farcir les tomates de cette macédoine de légumes.

INGRÉDIENTS

• 100 g (1 tasse) d'amandes, émondées
• 40 g (1 ⅓ tasse) de persil, équeuté, lavé, égoutté et épongé
• 120 g (4 oz) de filets de truite (3 environ)
• Sel de mer et poivre du moulin blanc
• 1 blanc d'œuf
• 60 ml (¼ tasse) de crème 35 % très froide
• 4 truites arc-en-ciel de 160 à 180 g (5 à 6 oz)
• 250 ml (1 tasse) de fumet de poisson léger (voir p. 12)
• 200 g (¾ tasse) de mayonnaise

GARNITURE
• 160 g (⅔ tasse) de mayonnaise
• 4 œufs
• 4 petites tomates
• 300 g (3 ⅓ tasses) de macédoine de légumes congelés ou frais

---

ÉQUIVALENT
Tous les petits poissons de 150 à 210 g (5 à 7 oz) de la même famille.

SERVICE
Trente minutes avant de servir, bien égoutter les truites en enlevant tout excédant de fond de cuisson. Détendre légèrement la mayonnaise avec un petit peu d'eau afin qu'elle « nappe ». Disposer chaque truite sur les assiettes, napper de mayonnaise et garnir avec des œufs mimosas et des tomates farcies à la macédoine de légumes.

Mousse de saumon et de flétan, sauce au yogourt

4 portions · Difficulté : 5 · Préparation : 40 min · Cuisson : 20 min

INGRÉDIENTS

MOUSSE DE SAUMON

- 150 g (5 oz) de chair de saumon
- 1 œuf
- 80 ml (⅓ tasse) de crème 35 %
- Sel et poivre blanc moulu

MOUSSE DE FLÉTAN

- 150 g (5 oz) de chair de flétan
- 1 œuf
- 80 ml (⅓ tasse) de crème 35 %, très froide
- Sel et poivre blanc moulu

SAUCE AU YOGOURT

- 90 g (⅓ tasse) de yogourt nature
- 80 ml (⅓ tasse) de crème sure (crème aigre)
- 15 g (⅓ tasse) de ciboulette, ciselée
- 30 g (⅙ tasse) de tomates séchées, en tout petits dés
- Sel et poivre blanc moulu
- Petites tranches de pain croûté, grillées

ÉQUIVALENT

Tous les poissons à saveur pas trop prononcée.

SERVICE

Servir 1 petit pot de chaque mousse aux invités et des petites tranches de pain grillé.

PRÉPARATION

Cette recette est une entrée pour l'été ; il faut cependant avoir 8 petits pots à confiture fermant hermétiquement.

PREMIÈRE RECETTE : MOUSSE DE SAUMON

- À l'aide d'un robot de cuisine, hacher vivement le saumon et réserver.
- Dans un bol, émulsionner vivement l'œuf, ajouter la crème. Saler et poivrer.
- Incorporer délicatement la chair du saumon, remplir les petits pots et laisser reposer 1 h au réfrigérateur.

DEUXIÈME RECETTE : RÉPÉTER EXACTEMENT LA MÊME MÉTHODE POUR LE FLÉTAN

- Préchauffer le four à 200 °C (400 °F).
- Mettre les petits pots dans une plaque ou une lèchefrite. Ajouter de l'eau au fond de la plaque et cuire au four jusqu'à ce que la température atteigne 70 °C (160 °F) au cœur du petit pot. Laisser refroidir.
- Ces petits pots peuvent se conserver plusieurs jours au réfrigérateur.

SAUCE AU YOGOURT

- Dans un bol, mélanger le yogourt et la crème sure, ajouter la ciboulette et les tomates séchées. Saler et poivrer.

TECHNIQUE

Comment enlever les arêtes d'un poisson fusiforme par le ventre pour le farcir (ici, nous utilisons une truite)

Passer un couteau sous l'arête, d'un côté, puis de l'autre.　　　Enlever l'arête centrale.

Filets de touladi sautés, coulis de pistaches

4 portions · Difficulté : 3 · Préparation : 20 min · Cuisson : 10 min

INGRÉDIENTS

- 150 g (1 ¼ tasse) de pistaches, émondées (sans peau)
- 175 ml (¾ tasse) de lait
- 160 ml (⅔ tasse) de fumet de poisson très réduit (voir p. 12)
- 80 g (⅓ tasse) de beurre en pommade (température ambiante)
- Le jus d'un demi-citron
- Sel et poivre blanc moulu
- 4 filets de touladi de 150 g (5 oz) d'épaisseur (gros poissons)
- Sel et poivre blanc moulu
- Farine tamisée
- 60 ml (¼ tasse) d'huile de cuisson
- 60 g (¼ tasse) de beurre non salé

ÉQUIVALENT
Tous les poissons de la famille des salmonidés.

SERVICE
Au fond de chaque assiette très chaude, disposer les légumes choisis, ajouter un filet de touladi et verser le coulis de pistache.

PRÉPARATION

COULIS DE PISTACHE

- À l'aide d'un robot de cuisine ou à la mixette à main, broyer le plus finement possible les pistaches.

- Dans une casserole, chauffer le lait, ajouter les pistaches et laisser infuser doucement une dizaine de minutes.

- Ajouter le fumet de poisson réduit et laisser mijoter de nouveau une dizaine de minutes.

- Verser de nouveau dans le robot de cuisine ou dans un batteur sur socle et émulsionner en ajoutant les noix de beurre en pommade et le jus de citron.

- Rectifier l'assaisonnement et réserver au chaud.

CUISSON DU POISSON

- Bien éponger les filets de touladi, saler, poivrer et fariner.

- Dans une poêle à fond épais, chauffer le beurre et l'huile, saisir les filets de chaque côté afin qu'ils prennent une belle couleur dorée.

- Réduire la cuisson pour atteindre 68 °C (155 °F) à cœur. Laisser reposer les filets de touladi sur le coin du poêle.

LÉGUMES

- Champignons sautés, feuilles d'épinard au beurre, purée de pommes de terre ou légumes de saison.

FAMILLE DES SCOMBRIDÉS ET DES CLUPÉIDÉS

LA FAMILLE DES SCOMBRIDÉS

Au Canada, ces poissons ont une grande importance du point de vue commercial. Nous ne les traiterons pas tous dans ce chapitre, mais il est important qu'ils soient cités : le thazard, le maquereau bleu, le maquereau blanc, la bonite à dos rayé, le thon rouge, le germon atlantique, l'albacore à nageoires jaunes et le thon ventru. En Europe, ce sont généralement les mêmes spécimens.

Ces poissons qui vivent dans les parties les plus profondes de la mer, sont généralement de rapides nageurs. Leur corps est fuselé et reconnaissable à la queue de forme caractéristique portant une nageoire profondément échancrée. Entre la nageoire dorsale et la nageoire caudale sont situés plusieurs genres de petits pics appelés pinnules, que l'on retrouve aussi entre la nageoire anale et la nageoire caudale.

LA FAMILLE DES CLUPÉIDÉS

Les poissons osseux constituent le plus vaste groupe de poissons. La nageoire caudale possède deux lobes, le squelette est formé de tissus osseux et les vertèbres sont bien développées. Les écailles sont en forme de minces plaquettes osseuses. Ce sont des poissons relativement primitifs, qui vivent surtout dans les grandes profondeurs. Leur vessie communique avec le tube digestif. L'ordre comprend une vingtaine de familles. Ils vivent en bancs et se nourrissent de plancton.

Famille des scombridés et des clupéidés

 **Thon rouge**

Nom angl.: Bluefin Tuna. **Nom scient.:** *Thunnus thynnus* (Linné) 1758. **Caractéristiques:** Le thon rouge peut atteindre 900 à 1000 kg (1980 à 2200 lb). Son dos est bleu foncé, son ventre grisâtre avec des taches argentées, ses nageoires dorsales sombres et ses nageoires anales gris-argenté. **Qualité:** ★★★★★. **Prix:** $$$$$.

 **Albacore à nageoires jaunes**

Nom angl.: Yellowfin Tuna. **Nom scient.:** *Thunnus albacares* (Bonnaterre) 1788. **Appellations erronées:** Allison's Tuna, Tunny. **Caractéristiques:** Un peu plus mince que le thon rouge, la coloration jaunâtre de la deuxième dorsale, de l'anale et de la caudale le différencie des autres thons. Il peut atteindre 1,75 m (5 pi 9 po) et peser 135 kg (300 lb). **Qualité:** ★★★. **Prix:** $$$.

 **Germon de l'Atlantique**

Nom angl.: Albacore. **Nom scient.:** *Thunnus alalunga* (Bonnaterre) 1788. **Appellations erronées:** Albacore, Tuna, Taupe. **Caractéristiques:** Le dos et les côtes du germon sont bleu acier métallique, son ventre est argenté. Il se distingue des autres thons et autres scombridés par ses très longues nageoires pectorales. Il peut atteindre 120 cm (47 po) et peser de 34 à 36 kg (75 à 80 lb). **Qualité:** ★★★. **Prix:** $$.

 **Bonite à dos rayé**

Nom angl.: Atlantic Bonito. **Nom scient.:** *Sarda sarda* (Bloch) 1793. **Appellations erronées:** Bonita, Bonito. **Caractéristiques:** La bonite à dos rayé possède un dos bleu acier, aux flancs argentés, il présente sept lignes dans les tons de bleu foncé, descendant vers le bas de la partie avant. Il peut atteindre 120 cm (47 po) et son poids varie de 4 à 10 kg (8 à 22 lb). **Qualité:** ★★★. **Prix:** $$$.

 **Maquereau bleu**

Nom angl.: Atlantic Mackrel. **Nom scient.:** *Scomber scombrus* (Linné) 1758. **Appellation erronée:** Poisson bleu. **Caractéristiques:** Appelé Lisette lorsqu'il est petit 50 à 100 g (2 à 3 oz), sa couleur d'un bleu acier foncé rayé de 23 à 33 bandes foncées ondulées lui confère une particularité agréable à regarder et à toucher. Son poids peut atteindre 2 kg (4 ½ lb), mais son poids idéal pour la cuisine est de 300 à 400 g (10 à 14 oz). **Qualité:** ★★★★. **Prix:** $.

Hareng de l'Atlantique

Nom angl.: Atlantic Herring. **Nom scient.:** *Clupea harengus harengus* (Linné) 1758. **Appellation erronée:** Sardine. **Caractéristiques:** Très populaire en Atlantique d'Amérique du Nord, sa robe brillante bleuâtre sur le ventre, ses yeux entourés d'une couleur rougeâtre, sa longueur moyenne est de 50 cm (20 po) pour un poids de 600 g (20 oz). **Qualité:** ★★★. **Prix:** $.

Anchois

Nom angl.: Anchovy. **Nom scient.:** *Engaulis encrasicolus* (linné) 1758. **Appellation erronée:** Sardine. **Caractéristiques:** Utilisé plus souvent en filet, et, en conserve, ce petit poisson à l'état frais est très fragile, son œil est plus gros que celui de la sardine. **Qualité:** ★★★. **Prix:** $$.

Sardine

Nom angl.: Pilchard. **Nom scient.:** *Scardina pilchardus* (Walbaum) 1792. **Appellations erronées:** Anchois, hareng. **Caractéristiques:** Ce petit poisson argenté-bleu possède une série de petites taches noires derrière son opercule strié. Ses grandes écailles s'enlèvent facilement. **Qualité:** ★★★★. **Prix:** $.

Gaspareau

Nom angl.: Alewife. **Nom scient.:** *Alosa pseudoharengus* (Wilson) 1811. **Appellations erronées:** Hareng, gasparot. **Caractéristiques:** Ce poisson est anadrome, il fraie dans les lacs puis retourne en mer. Son dos de couleur gris vert possède des flancs argentés. Son poids moyen est de 240 g (8 oz) à 300 g (10 oz). **Qualité:** ★★. **Prix:** $.

Autres poissons des mêmes familles

Thazard – Frigate Mackerel – *Auxis thazard* (Lacépède) 1802
Thonime à ventre rayé – Skipjack Tuna – *Euthynnus Pelamis* (Linné) 1758
Maquereau blanc – Chub Mackerel – *Scomber colias* (Gmelin) 1789
Thon ventru – Bigeye Tuna – *Thunnus obesus* (Lowe) 1839
Listao – *Katsuwonus pelamys*
Maquereau espagnol ou maquereau blanc – Chub Mackerel – *Scomber colias* (Gmelin) 1789

Filets de maquereau au vin blanc

4 portions · Difficulté : 3 · Préparation : 20 min · Cuisson : 12 à 15 min

- Chauffer le court-bouillon. Ajouter les citrons, le vin blanc, les grains de coriandre et de poivre. Cuire environ 7 à 8 min et conserver tiède.

- Bien éponger les filets de maquereau, saler et conserver 30 min au réfrigérateur.

- Préchauffer le four à 195 °C (380 °F).

- Choisir un plat de cuisson où les filets de maquereau seront bien à plat et les disposer côté de la chair vers le fond. Verser le court-bouillon chaud, couvrir et cuire au four de 7 à 8 min. Conserver les maquereaux au réfrigérateur au moins 24 h pour qu'ils soient plus goûteux.

- 500 ml (2 tasses) de court-bouillon (recette de base voir p. 12)
- 2 citrons, pelés à vif et coupés en rondelles
- 175 ml (³/₄ tasse) de vin blanc sec
- 1 c. à café (1 c. à thé) de grains de coriandre[1]
- 10 grains de poivre noir
- 8 filets de maquereau de 90 à 120 g (3 à 4 oz)
- Sel de mer

ÉQUIVALENT
Filets de petite alose et filets de maquereau espagnol.

SERVICE
Mettre les 2 filets au fond d'une assiette très froide, napper avec le court-bouillon qui devrait être en gelée, ainsi que les légumes d'accompagnement du court-bouillon.
Une petite salade verte sera agréable pour cette entrée d'été.

INFORMATION
(1) **Coriandre :** Plante herbacée originaire du Moyen-Orient mesurant de 20 à 80 cm. On l'aime pour son odeur fruitée agréable et son goût épicé et doucereux. On utilise les feuilles fraîches et les graines séchées.

Pavés de bonite à dos rayé aux tomates et aux olives noires

4 portions · Difficulté : 3 · Préparation : 20 min · Cuisson : au thermomètre

- 2 boîtes de conserve de 390 ml (14 oz) de tomates pelées au jus ou l'équivalent en tomates fraîches
- 60 ml (¼ tasse) d'huile d'olive extravierge
- 90 g (1 tasse) d'oignons blancs, en grosse brunoise
- 3 gousses d'ail, hachées finement
- 5 g (¼ tasse) d'herbes sèches de Provence [1]
- 310 ml (1 ¼ tasse) de fumet de poisson
- Sel de mer et poivre du moulin
- 4 morceaux épais de bonite à dos rayé de 180 g (6 oz)
- 60 ml (¼ tasse) d'huile d'olive
- 24 olives noires, dénoyautées
- 20 g (⅓ tasse) de persil haché

ÉQUIVALENT

Thon, albacore, gaspareau et bonite.

SERVICE

Les pavés peuvent être servis très chauds ou froids en entrée lorsqu'il fait très chaud.

INFORMATION

(1) Herbes de Provence ou épices de Provence : thym, laurier, sarriette, romarin, estragon, marjolaine, basilic.

- Égoutter les tomates et bien presser pour enlever le maximum de jus. Concasser au couteau et réserver. Conserver le jus pour une autre recette.
- Dans une casserole à fond épais, chauffer l'huile, saisir les oignons et l'ail. Ajouter les tomates, les herbes de Provence, le fumet de poisson, saler, poivrer et cuire 20 min.
- Saler et poivrer les pavés.
- Dans un sautoir, chauffer l'huile, saisir les pavés de chaque côté et les disposer dans un récipient allant au four. Recouvrir complètement du mélange aux tomates et des olives noires.
- Couvrir et cuire au four pour atteindre 68 °C (155 °F) à cœur.

SERVICE

Froid : Tel quel, recouvert du mélange aux tomates, accompagnés de petites pommes de terre rattes froides.
Chaud : On coupera des rondelles de pommes de terre chaudes que l'on disposera au fond de l'assiette, puis les pavés de bonite, recouverts du mélange aux tomates. Parsemer de persil haché.

Thazard au curcuma,
au lait de coco et aux liserons d'eau

4 portions · Difficulté : 5 · Préparation : 25 min · Cuisson : 15 min

*Pour faire cette recette d'un ami indonésien, il faut d'abord préparer
la pâte épicée.*

- Passer au mélangeur les piments rouges, l'ail, les échalotes,
le curcuma, le gingembre, le clou de girofle, les graines de coriandre, la
pâte de crevettes séchées et la citronnelle pour faire une pâte.

- Dans une petite casserole, chauffer l'huile et cuire cette pâte à feu
doux pendant 5 min environ. Laisser refroidir.

- Chauffer le fumet de poisson, ajouter le lait de coco et la pâte
épicée. Cuire une vingtaine de minutes.

- Ajouter la pulpe de tamarin et passer à la passoire à mailles.

- Cuire les morceaux de thazard à 64 °C (150 °F) à cœur dans un
court-bouillon à l'eau salée avec les liserons et les petits pois.

PÂTE ÉPICÉE

- 5 piments rouges, épépinés
- 3 gousses d'ail, pelées et émincées
- 7 échalotes, pelées et émincées
- 2 c. à soupe de curcuma frais ou en poudre
- 25 g (¼ tasse) de gingembre pelé et haché
- 1 clou de girofle
- 1 c. à soupe de graines de coriandre
- 30 g (1 oz) de pâte de crevettes séchées
- 1 bâton citronnelle, haché

- 60 ml (¼ tasse) d'huile d'olive extravierge
- 375 ml (1 ½ tasse) de fumet de poisson, réduit (voir p. 12)
- 375 ml (1 ½ tasse) de lait de coco
- 30 g (1 oz) de pulpe de tamarin
- 360 g (2 tasses) de liserons d'eau ou de châtaignes d'eau
- 4 filets de thazard de 160 à 180 g (6 oz)
- Sel et poivre
- 50 g (½ tasse) de petits pois frais ou surgelés

ÉQUIVALENT
Thon, hareng, gaspareau, alose

SERVICE
Servir le thazard, les liserons
d'eau et le bouillon dans des
assiettes creuses. Accompagner
d'un riz blanc.

INFORMATION
Liseron d'eau ou châtaigne d'eau : Tubercule provenant d'Extrême-Orient. Sa chair blanche et
croquante rappelle le goût de la châtaigne en plus frais, plus sucré et moins farineux. Crues, bouillies,
rôties et comme légume, on trouve les châtaignes d'eau fraîches ou en conserve.

INFORMATION
Curcuma : Rhizome jaune vif de la famille du gingembre au goût très prononcé.
Tamarin : Fruit du tamarinier. La cosse du tamarin contient des graines recouvertes d'une chair pulpeuse
qui instille une acidité fruitée aux plats. La pulpe du tamarin est vendue en paquets contenant les graines
et les fibres.

Thon grillé, sauce Choron, crosnes au beurre de noisette

4 portions · Difficulté : 3 · Préparation : 20 min · Cuisson : 10 min

- Dans une casserole remplie d'eau bouillante salée, cuire les crosnes *al dente*. Rafraîchir, égoutter et réserver.

- Préparer la sauce Choron : Voir recette de la sauce béarnaise p. 14, à laquelle on aura ajouté de la pâte de tomates cuite.

- Bien éponger le thon, saler, poivrer et badigeonner avec l'huile. Griller les morceaux de thon tout en respectant bien la méthode des poissons grillés (voir p. 92) pour atteindre 68 °C/155 °F à cœur.

- Pendant la cuisson du thon, chauffer doucement le beurre de noisette dans une poêle et faire sauter les crosnes, saler et poivrer. Réserver.

- 400 g (2 ½ tasses) de crosnes, bien lavées
- 310 ml (1 ¼ tasse) de sauce Choron
- 4 morceaux épais de thon de 150 à 180 g (5 à 6 oz)
- Sel et poivre du moulin
- 60 ml (¼ tasse) d'huile d'olive
- 80 g (⅓ tasse) de beurre de noisette
- 30 g (1 tasse) de pluches de cerfeuil

ÉQUIVALENT

Espadon, mahi-mahi, makaire, requin, esturgeon

SERVICE

Disposer les morceaux de thon au fond de chaque assiette et les crosnes tout autour. La sauce Choron est toujours servie en saucière « à part », car elle très « fragile ». On parsèmera sur les crosnes les pluches de cerfeuil.

INFORMATION

Crosne : Plante à tubercules comestibles, originaire du Japon, que l'on retrouve de nouveau sur nos marchés, car elle faisait partie des légumes oubliés.

Sardines grillées, beurre au citron vert et au safran

4 portions · Difficulté : 2 · Préparation : 20 min · Cuisson : 10 min

INGRÉDIENTS

INFUSION À FAIRE LA VEILLE
- Le jus de 4 citrons verts frais pressé
- Une pincée de pistils de safran, broyés

SARDINES
- 240 g (1 lb) de beurre non salé, à température ambiante
- 1 c. à café (1 c. à thé) de sel fin
- ½ c. à café (½ c. à thé) de poivre blanc moulu
- 800 g (1 ¾ lb) de petites sardines
- Sel et poivre blanc moulu
- 60 ml (¼ tasse) d'huile d'olive
- 300 g (½ lb) de petites pommes de terre grelots

ÉQUIVALENT

Anchois, petites perches, éperlan, capelan.

SERVICE

Disposer les sardines dans des assiettes chaudes, couvrir de beurre au citron vert et au safran. Des pommes de terre cuites à l'eau pourront accompagner les sardines.

PRÉPARATION

INFUSION

- Dans un petit récipient à fermeture hermétique, mélanger le jus de citron vert, le safran et conserver toute la nuit à température ambiante. Cette opération a pour effet de bien extraire les saveurs du safran.

SARDINES

- Trente minutes avant de commencer la préparation, ajouter environ ½ c. à café (½ c. à thé) de sel et ⅛ c. à café (⅛ c. à thé) de poivre blanc moulu à l'infusion au safran. L'acidité fera fondre le sel.

- Ajouter le beurre, bien mélanger, ce qui donnera un beurre en pommade.

- Chauffer la grillade en deux sections de chaleur : une très chaude et l'autre moyenne.

- Bien éponger les sardines, saler et poivrer l'intérieur et l'extérieur.

- Badigeonner très légèrement d'huile et saisir les sardines sur la grillade, c'est-à-dire leur donner une coloration dorée en quadrillé de chaque côté. Terminer la cuisson du côté de la chaleur la moins intense. Les sardines seront cuites lorsqu'on atteindra 65 °C/150 °F à cœur.

Filets de hareng fumé à l'huile et pommes de terre tièdes

4 portions · Difficulté : 3 · Préparation : 25 min

INGRÉDIENTS

- 1 kg (2,2 lb) de filets de hareng fumé
- 4 oignons moyens, en fines rondelles
- 3 carottes, en fines rondelles
- 6 gousses d'ail, émincées
- 5 g (¼ tasse) de poudre de céleri
- 4 clous de girofle
- 3 feuilles de laurier
- 18 grains de poivre
- 3 brins de thym
- Huile de pépins de raisin ou de tournesol
- 4 pommes de terre moyennes
- Sel et poivre du moulin

SERVICE

Dans une casserole remplie d'eau bouillante salée, cuire des pommes de terre en « robe des champs » jusqu'à ce qu'elles soient tendres. « À chaud », peler et couper en rondelles de 0,5 cm (¼ po). Mettre trois rondelles au fond de chaque assiette très chaude. Disposer les filets de hareng sur les pommes de terre et parsemer les condiments. La chaleur des pommes de terre sera suffisante pour attendrir les filets de hareng.

N.B.

Il est important de prendre les filets de hareng à l'aide d'une pince ou d'une cuillère pour ne pas contaminer la marinade.

PRÉPARATION

Généralement, ce plat est servi en hiver. Il a un grand avantage, c'est qu'il se conserve de 2 à 3 mois.

NOTE : Il est important de bien choisir les filets de hareng. Il existe deux méthodes de fumaison ; les uns sont «boucanés», les autres beaucoup moins fumés (ils restent d'ailleurs moelleux). Ce sont ceux-ci les meilleurs. Si, malheureusement, il est impossible d'en trouver au marché, il faut faire tremper «les boucanés» dans le lait au moins 24 h, puis bien les égoutter et les éponger.

- Dans un grand récipient (en verre de préférence) à fermeture hermétique, mettre une couche de hareng, une couche d'un mélange d'oignons, de carottes, d'ail, de poudre de céleri, 1 clou de girofle, 1 feuille de laurier, 6 grains de poivre, 1 brin de thym. Répéter l'opération, couvrir avec l'huile de pépins de raisin et fermer le récipient. Conserver au garde-manger ou au sous-sol frais, sinon au réfrigérateur. L'avantage du sous-sol fait que les saveurs des aromates se transmettent bien aux filets de hareng.

Morceaux de germon en crépines

4 portions · Difficulté : 4 · Préparation : 40 min · Cuisson : 20 min

- Si on utilise des artichauts frais, on doit les cuire dans beaucoup d'eau salée. Lorsque les feuilles du centre s'enlèvent facilement, les rafraîchir. Retirer les feuilles qui seront dégustées avec une vinaigrette émulsionnée et réserver les fonds en prenant bien soin d'enlever le foin. Réserver.

- Saler et poivrer les morceaux de germon.

- Dans une poêle épaisse, chauffer l'huile et les saisir rapidement de chaque côté afin qu'ils prennent une belle couleur dorée. Réserver.

- Étendre les crépines, saler et poivrer.

- Mettre la moitié des artichauts sur chaque crépine, ajouter un morceau de germon et couvrir avec le reste des artichauts. Envelopper individuellement chaque morceau.

- Dans une poêle à fond épais, chauffer le beurre et saisir vivement les crépines 2 à 3 min de chaque côté.

- Extraire le gras, parsemer les échalotes, verser le vin blanc, ajouter la bisque de homard et laisser mijoter 3 à 4 min. Rectifier l'assaisonnement.

- 4 artichauts moyens frais ou 8 fonds d'artichauts en conserve, émincés
- 4 morceaux de germon de 150 à 180 g (5 à 6 oz)
- Sel et poivre du moulin
- 60 ml (¼ tasse) d'huile d'arachide ou d'huile de cuisson
- 4 morceaux de crépine de 10 x 10 cm (4 x 4 po)
- 80 g (⅓ tasse) de beurre non salé
- 60 g (⅓ tasse) d'échalotes, hachées très finement
- 125 ml (½ tasse) de vin blanc
- 175 ml (¾ tasse) de bisque de homard, fraîche (voir p. 15) ou en conserve
- 4 pommes de terre

ÉQUIVALENT
Albacore, thon, bonite, thazard, baudroie et requin.

SERVICE
Servir très chaud dans des assiettes creuses, accompagné de pommes de terre cuites à l'eau salée.

DIVERSES FAMILLES

Ce groupe comprend plusieurs familles, qui souvent nous viennent des eaux plus tempérées du sud. Ils sont tous des poissons à rayons épineux sauf la baudroie. L'apparence générale et la forme des corps de ces poissons diffèrent considérablement, certaines espèces étant très hautes et fortement comprimées latéralement, tandis que d'autres ont des corps fusiformes. Concernant la famille des perciformes, c'est-à-dire bar, perche, mérou, cernier, ils font partie d'un groupe qui comprend 80 éléments différents de part le monde. D'autres sont surtout des poissons de fond et d'eau peu profonde, très répandus dans les mers chaudes. Certains, ont la tête renfermée dans un étui osseux ou cuirasse (prionote, grondin, chaboisseau). Tous ont des qualités gustatives différentes avec leurs identités.

Diverses familles

➤ Petit ➤ Moyen ➤ Gros

Nom angl. : Striped Bass. **Nom scient. :** *Roccus saxatilis* (Walbaum) 1792. **Appellations erronées :** Bar de mer, bar rayé et loup de mer. **Caractéristiques :** Ses qualités gustatives sont légèrement inférieures au bar européen, car il vit sur des fonds marins différents. De couleur bleuâtre à noir sur le dos, ses flancs vont du blanc à argenté. Il peut atteindre 18, 5 kg (40 lb). **Qualité : ★★★★. Prix :** $$$.

Bar d'Amérique

Nom angl. : Sea Bass Hake. **Nom scient. :** *Dicentrarchus labrax.* **Appellation erronée :** Loup. **Caractéristiques :** Poisson de haute qualité, d'une grande finesse. Sa coloration argentée avec des taches et une rayure bleu pâle. Son poids moyen est de 1,5 kg (3 lb). **Qualité : ★★★★★. Prix :** $$$$$.

Bar commun

Nom angl. : Red Gouper. **Nom scient. :** *Epinephelus morio* (Valenciennes) 1828. **Appellations erronées :** Mérou blanc, mérou noir, tiof. **Caractéristiques :** Ce poisson fait partie d'une très grande famille. Il possède une chaire compacte, mais possède une grosse tête, donc beaucoup de perte. Le mérou peut atteindre 1,10 m (3 ½ pi) de longueur. **Qualité : ★★★★. Prix :** $$$$.

Mérou rouge

Nom angl. : Tilefish. **Nom scient. :** *Lopholatilus chamaeonticeps* (Goode) 1879. **Appellation erronée :** Doré de mer. **Caractéristiques :** Le tile peut atteindre 1,20 m (4 pi) et peser 16 kg (35 lb). Il possède une très grosse tête, sa partie supérieure et ses flancs vont des tons de bleu et de vert. Son ventre est rose. Il a des taches jaunes sur les flancs. **Qualité : ★★★. Prix :** $$.

Tile

Nom angl. : Sea Bream. **Nom scient. :** *Spondyliesama cantharus* (Linné) 1758. **Appellations erronées :** Brême de mer, daurade, pageot. **Caractéristiques :** Cette dorade représente une très grande famille. À différents échelons, elles sont tous de très bonne qualité. Elles ont tous des corps comprimés, les écailles sont bien fixées ; de couleur grisâtre et argentée aux reflets dorés. **Qualité : ★★★★★. Prix :** $$$$.

Dorade

Nom angl. : Red Snapper. **Nom scient. :** *Lutjanus campechanus.* **Appellations erronées :** Dorade, rouget, sébaste. **Caractéristiques :** Le vivaneau fait partie d'une grande famille ; ils ont tous une belle couleur, rose, jaune et rayé. Leur longueur moyenne est de 25 cm (10 po) et d'un poids variant de 800 g à 1,2 kg (1 ¾ lb à 4 ½ lb). **Qualité : ★★★★. Prix :** $$$$.

Vivaneau

Rouget-barbet

Nom angl. : Goatfish. **Nom scient. :** *Mullus barbatus* (Linné) 1758. **Appellations erronées :** Rouget grondin, grondin rouge. **Caractéristiques :** Rose sur le dos, plus pâle sur le ventre, le rouget-barbet dépasse rarement 400 g (14 oz). Ses deux barbillons le font reconnaître facilement. De très grande valeur culinaire. **Qualité : ★★★★★. Prix :** $$$$$.

Prionote du Nord/Grondin gris

Noms angl. : Searobin, gurnard, robin fish. **Nom scient. :** *Aspidotrigla cuculus.* **Appellations erronées :** Rouget, tomber rayé, loup de mer. **Caractéristiques :** Ce petit poisson de roche peut atteindre 45 cm (18 po) et peut peser 850 g (1 ¾ lb), le prionote est gris ou brun rougeâtre sur le dessus et blanche ou jaune pâle en dessous. Il possède aussi environ cinq marques foncées le long du dos. **Qualité : ★★★★. Prix :** $$$.

Loup de l'Atlantique

Nom angl. : Atlantic Wolffish. **Nom scient. :** *Anarhichas lupus* (Linné) 1758. **Appellations erronées :** Loup de mer, poisson loup. **Caractéristiques :** Dans les tons variant du bleu au vert, le loup de l'Atlantique se pêche dans les eaux côtières, précôtières et hauturières. Il peut mesurer jusqu'à 85 cm (33 po) et peser de 1 à 10 kg (2 ¼ à 22 lb). **Qualité : ★★★★. Prix :** $$$.

Saint-pierre

Nom angl. : Dory et John Dorry. **Nom scient. :** *Zeus faber* (Linné) 1758. **Appellations erronées :** Jean Doré, Zée. **Caractéristiques :** Le saint-pierre est gris-bleu avec deux grosses taches noires sur les flancs. Son poids peut varier de 675 g à 27 kg (1 ½ à 6 lb). La chair du saint-pierre a un goût rappelant celle du crabe et du homard. **Qualité : ★★★★★. Prix :** $$$$.

Sébaste

Nom angl. : Redfish. **Nom scient. :** *Sebaste marinus* (Linné) 1758. **Appellations erronées :** Perche de mer, poisson rouge, rascasse. **Caractéristiques :** Une seule famille en Atlantique, six et plus au Pacifique, sa coloration peut varier, orange, rose, rouge, jaune avec deux grands yeux noirs. Sa longueur peut varier de 20 à 41 cm (8 à 16 po) et son poids moyen peut varier de 500 g à 1,2 kg (1 lb à 2 ¼ lb). **Qualité : ★★★. Prix :** $$$.

Baudroie

Nom angl. : Monkfish. **Nom scient. :** *Lophius americanus* (Valenciennes) 1837. **Appellations erronées :** Crapaud de mer, lotte, diable de mer. **Caractéristiques :** La baudroie est généralement appelée lotte lorsqu'elle a la tête coupée. Pourquoi? Ce poisson est tellement laid qu'en changeant son nom pour celui de lotte, on oublie sa physionomie. Son dos est de ton brun parsemé de taches foncées et son ventre est blanchâtre. Son poids peut atteindre 28 kg (60 lb). **Qualité : ★★★★. Prix :** $$$.

Bars grillés et
émulsion au lait d'amande

4 portions · Difficulté : 2 · Préparation : 15 min · Cuisson : 20 min

Comme pour toutes cuissons de poissons grillés, il est fondamental de bien préparer le bar ainsi que l'appareil de cuisson, que ce soit la grille à l'intérieur, le barbecue à l'extérieur et même la grille en forme de poisson. Vous pouvez aussi cuire le bar dans l'âtre.

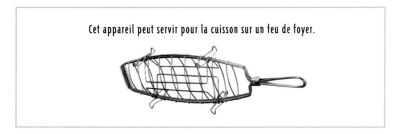

Cet appareil peut servir pour la cuisson sur un feu de foyer.

- Bien éponger les bars et les envelopper dans un linge propre plusieurs heures afin d'enlever toute humidité.

- Badigeonner légèrement les bars d'huile. Saler et poivrer.

- Saisir les bars sur les 2 faces du côté chaud de la grillade, puis les déplacer au milieu de la grillade à chaleur moins intense.

- Après une dizaine de minutes, terminer la cuisson sur la partie la moins chaude de la grille. On doit atteindre 68 °C (155 °F).

- Un poisson grillé ne se cuit jamais au four. L'effet de la grille donne le croustillant à l'extérieur et le moelleux à l'intérieur.

- Pendant la cuisson du bar, préparer l'émulsion. Verser dans un batteur sur socle le lait d'amande, le jus de citron vert, saler, poivrer et incorporer le beurre fondu clarifié chaud.

- 2 bars d'Amérique ou bars communs de 600 à 800 g (20 à 28 oz)
- 60 ml (¼ tasse) d'huile de tournesol
- Sel fin de mer et poivre du moulin
- 125 ml (½ tasse) de lait d'amande
- Le jus de 2 citrons verts frais pressé
- 160 g (⅔ tasse) de beurre fondu clarifié
- Sel et poivre blanc

ÉQUIVALENT

Tassergal, perche blanche, acoupa royal, espadon en morceaux, mahi-mahi.

SERVICE

Un poisson grillé n'attend pas, il doit être servi immédiatement, accompagné de l'émulsion. Des petites pommes de terre grelots ou parisiennes ou noisettes sautées seront un bon accompagnement.

TECHNIQUE

Chauffer le gril en trois dimensions.

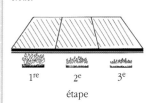

1ʳᵉ   2ᵉ   3ᵉ

étape

Blancs de tile à l'orange safranée, petites rattes au jus de poisson

4 portions · Difficulté : 3 · Préparation : 30 min · Cuisson : 30 min

INGRÉDIENTS

- 6 oranges à jus
- 60 g (¼ tasse) de beurre non salé
- 310 ml (1 ¼ tasse) de fumet de poisson léger (voir p. 12)
- 5 g (¼ tasse) de pistils de safran
- Sel et poivre du moulin
- 480 g (1 lb) de pommes de terre rattes
- 4 blancs de tile[1] de 180 g (6 oz)
- 15 g (½ tasse) de persil frais, haché

ÉQUIVALENT

Mérou, baudroie, espadon, albacore, mahi-mahi, requin.

PRÉPARATION

- À l'aide d'un couteau bien affûté, peler 2 oranges à vif, séparer en quartiers et retirer la pellicule qui retient les quartiers pour ne conserver que la chair. On obtient alors des suprêmes d'orange.

- Dans une poêle à fond épais, chauffer le beurre et saisir les suprêmes 15 sec de chaque côté. Conserver au chaud.

- Presser le jus de 4 oranges, ajouter le fumet de poisson, le safran, saler, poivrer légèrement, ajouter les petites rattes et cuire jusqu'à ce qu'elles soient tendres.

- Retirer les pommes de terre du bouillon et garder au chaud.

- Réduire le bouillon de moitié et ajouter les blancs de tile.

- Cuire au four à 90 °C (190 °F), pour atteindre 68 °C (155 °F) «à cœur».

- Partager le bouillon au fond de chaque assiette, disposer chaque morceau de tile, entouré des petites rattes. Garnir de persil et de suprêmes d'orange.

INFORMATION

(1) **Blanc de tile :** Dénomination des morceaux de filet épais de poisson utilisés dans la cuisine moderne.

Rougets-barbets grillés
en feuilles de vigne et émulsion
de vin blanc au beurre citronné

4 portions · Difficulté : 4 · Préparation : 20 min · Cuisson : 15 min

- Bien laver les rougets, garder la tête, éponger, conserver au réfrigérateur dans un linge propre ou un papier absorbant.

- Rincer sous l'eau froide les feuilles de vigne au moins 1 h. Égoutter sur un linge propre ou un papier absorbant.

- Chauffer la grillade d'intérieur ou d'extérieur en trois phases (voir cuisson grillade p. 27). Saler et poivrer les rougets à l'intérieur et à l'extérieur, farcir avec les pistaches.

- Badigeonner les rougets avec l'huile de cuisson et les saisir de chaque côté afin que la peau prenne une belle couleur dorée.

- Étaler les feuilles de vigne sur un plan de travail, saupoudrer de poudre de cèpe, puis envelopper les rougets.

- Poursuivre la cuisson sur la grille à chaleur moyenne, puis réduire la chaleur pour atteindre 68 °C (155 °F) à cœur.

- Pendant ce temps, dans une casserole, mettre les échalotes et le vin blanc et faire réduire de 90%.

- Dans une petite casserole, chauffer le beurre.

- Quelques minutes avant de servir, verser la réduction de vin et d'échalotes dans un batteur sur socle, saler, poivrer et émulsionner en incorporant le beurre chaud. Ajouter au dernier moment, le jus de citron.

- Servir les rougets enveloppés ; à l'ouverture, ils dégageront des odeurs incomparables. L'émulsion rehaussera les saveurs.

INGRÉDIENTS

- 4 rougets-barbets de 240 g (1 lb)
- 24 feuilles de vigne saumurées
- Sel et poivre du moulin
- 125 g (1 1/4 tasse) de pistaches, écalées et broyées ou hachées
- 60 ml (1/4 tasse) d'huile de cuisson
- 20 g (1 tasse) de poudre de cèpe
- 60 g (1/3 tasse) d'échalotes, hachées finement
- 175 ml (3/4 tasse) de vin blanc
- 240 g (1 lb) de beurre non salé ou clarifié
- Sel et poivre blanc moulu
- Le jus d'un citron frais pressé

ÉQUIVALENT

Prionote du Nord, rouget grondin, sébaste, dorade, rascasse, chaboiseaux, tassergal, seriole, spare-tête de mouton, vivaneau.

Filets de saint-pierre à l'aigre-doux, sauce aux figues de Barbarie et au pamplemousse

4 portions · Difficulté : 4 · Préparation : 20 min · Cuisson : 10 min

- 4 figues de Barbarie[1]
- Le jus de 2 pamplemousses frais pressé
- 75 g (⅓ tasse) de sucre
- 250 ml (1 tasse) de fumet de poisson (voir p. 16)
- Roux blanc (voir p. 12)
- 60 g (¼ tasse) de beurre non salé
- 60 g (½ tasse) d'échalotes, hachées finement
- 4 filets de saint-pierre de 120 à 150 g (4 à 5 oz)
- 125 ml (½ tasse) de vin blanc
- 30 g (1 tasse) de persil plat, ciselé

ÉQUIVALENT

Dorade rose, pageot, rouget grondin, sébaste, grondin.

PRÉPARATION

SAUCE AIGRE-DOUCE

- Extraire le jus des figues sans écraser les pépins, ajouter le jus de pamplemousse et le sucre. Dans une casserole, cuire afin d'arriver à la caramélisation, 165 °C (330 °F).

- Ajouter lentement 125 ml (½ tasse) de fumet de poisson, réduire la chaleur et lier avec un peu de roux blanc jusqu'à consistance voulue. Goûter et assaisonner. Réserver au chaud.

- Préchauffer le four à 85 °C (175 °F).

- Bien beurrer un plat à rebords allant au four, ajouter les échalotes, disposer les filets de poisson, mouiller avec le vin blanc et le fumet de poisson restant. Couvrir d'un papier sulfurisé ou d'aluminium et cuire au four pour atteindre 68 °C (155 °F) à cœur.

- Au terme de la cuisson, verser le fond de cuisson dans la sauce.

- Verser la sauce au fond de chaque assiette, ajouter les filets et garnir de persil.

- Servir avec du riz.

INFORMATION

(1) **Figue de Barbarie :** Fruit du cactus opuntia. La structure granuleuse de sa pulpe est composée d'innombrables petites graines. C'est avec ce fruit qu'est fabriquée la tequila.

Dorade à la crème d'oursin

PRÉPARATION

- Retirer les arêtes des dorades par le ventre, tout en gardant la tête. Saler, poivrer et conserver au réfrigérateur.

- Ouvrir les oursins à l'aide d'un ciseau. Séparer les gonades du jus, conserver les gonades sur du papier absorbant, recouvrir d'une pellicule plastique et réserver au réfrigérateur.

- Détendre le jus des oursins avec 125 ml (½ tasse) de Noilly-Prat et passer à la passoire à mailles. Conserver.

- Dans un sautoir, chauffer 60 g (¼ tasse) de beurre et faire suer doucement les légumes. Saler, poivrer et verser le mélange de jus d'oursin et de Noilly-Prat. Cuire doucement jusqu'à évaporation complète du liquide. Rectifier l'assaisonnement et laisser refroidir.

- Ouvrir les dorades, répartir les légumes à l'intérieur du poisson. Refermer. Saler et poivrer.

- Préchauffer le four à 200 °C (400 °F).

- À l'aide d'un pinceau, badigeonner généreusement avec le beurre restant un plat allant au four. Ajouter les 2 dorades bien à plat, verser le fumet de poisson et le Noilly-Prat restant, recouvrir d'un papier sulfurisé ou d'aluminium. Cuire au four de 20 à 30 min selon l'épaisseur du poisson jusqu'à atteindre une température de 68 °C (155 °F) à cœur.

- Pendant ce temps, à l'aide d'un mélangeur, mixer les gonades d'oursins, la crème chaude et le jus de citron.

- Au terme de la cuisson, retirer les dorades du plat et enlever rapidement la peau des deux côtés. Dès l'instant où on retirera les dorades du plat, incorporer le jus de cuisson à la crème d'oursin. Rectifier l'assaisonnement.

INGRÉDIENTS

- 2 dorades royales, roses ou autres de 1 à 1,2 kg (2 à 2 ½ lb)
- Sel et poivre du moulin
- 8 oursins
- 310 ml (1 ¼ tasse) de Noilly-Prat blanc
- 180 g (¾ tasse) de beurre non salé
- ½ carotte, émincée finement
- 1 branche de céleri, émincée finement
- ½ blanc de poireau, émincé finement
- 250 ml (1 tasse) de fumet de poisson léger (voir p. 12)
- 175 ml (¾ tasse) de crème 35 %
- Le jus d'un citron frais pressé
- 600 g (6 tasses) de petits légumes de printemps

ÉQUIVALENT

Sébaste, vivaneau, rascasse, rouget-barbet, grondin, pageot, bar.

SERVICE

Disposer les dorades sur un plat chaud et napper de sauce. Servir immédiatement accompagnées de petits légumes du printemps.

Filets de vivaneau, poêlée de chanterelles et de salicornes sautées

4 portions · Difficulté : 4 · Préparation : 15 min · Cuisson : 10 min

- 300 g (10 oz) de salicornes
- 160 g (²/₃ tasse) de beurre non salé
- 300 g (5 tasses) de chanterelles, lavées, égouttées et épongées
- Sel et poivre du moulin
- 45 g (¼ tasse) d'échalotes, hachées très finement
- 60 g (2 tasses) de persil, haché très finement
- Farine tamisée
- 4 filets de vivaneau de 150 à 180 g (5 à 6 oz)
- 60 ml (¼ tasse) d'huile d'arachide ou autre
- 175 ml (¾ tasse) de fond de veau lié ou l'équivalent du commerce

ÉQUIVALENT

Filet de dorade, filet de plie, filet de morue/cabillaud, filet de lieu jaune et noir, rouget-barbet grondins, pavé de thon, espadon, mérou, mahi-mahi, albacore.

SERVICE

Déposer la garniture dans le fond de l'assiette (chanterelles et salicornes), le filet de vivaneau, puis verser autour le jus de veau très chaud.

- Dans une casserole remplie d'eau bouillante, blanchir les salicornes plusieurs fois au besoin pour les dessaler. Refroidir à l'eau glacée, égoutter et réserver au chaud.

- Dans une poêle à fond épais, chauffer 80 g (⅓ tasse) de beurre et faire sauter les chanterelles. Saler, poivrer, ajouter les échalotes et le persil. Réserver.

- Fariner les filets, saler et poivrer.

- Dans une poêle à fond épais, chauffer le beurre restant et l'huile puis saisir les filets rapidement de chaque côté afin qu'ils prennent une belle couleur dorée. Réduire la chaleur pour quelques minutes afin d'atteindre 68 °c (155 °F) à cœur.

- Retirer les filets et les garder au chaud. Dans l'huile de cuisson, sauter vivement les salicornes afin qu'elles perdent toute leur humidité.

Médaillons de baudroie au vin rouge

4 portions · Difficulté : 2 · Préparation : 40 min · Cuisson : 15 min

La baudroie, ou lotte, est le poisson idéal pour aider les enfants à aimer le poisson, car il n'a pas de petites arêtes ni d'odeurs fortes.

• Verser le vin rouge dans une casserole, ajouter les échalotes et réduire de 90 %. Ajouter le fumet de poisson, laisser mijoter quelques minutes et lier avec du roux blanc. Saler, poivrer et réserver.

• Dans une poêle, faire sauter les champignons jusqu'à complète évaporation du liquide. Saler, poivrer et garder au chaud.

• Dans une casserole remplie d'eau bouillante salée, cuire les petits oignons. Égoutter.

• Blanchir les petits lardons, puis les rafraîchir et les égoutter.

• Dans une poêle à fond épais, verser l'huile et faire revenir les petits lardons jusqu'à ce qu'ils prennent une légère coloration. Ajouter les petits oignons et les champignons pour faire la garniture.

• Disposer une marguerite dans un sautoir et 2 cm (¾ po) d'eau. Saler et poivrer les médaillons de baudroie et cuire à la vapeur jusqu'à ce que le thermomètre indique 68 °C (155 °F) à cœur.

• Pendant ce temps, mélanger et réchauffer la sauce et la garniture.

• Lorsque les médaillons sont cuits, les disposer sur les assiettes et napper de sauce au vin rouge.

• Des pommes de terre cuites à l'eau chaude ou du riz seront d'excellents féculents d'accompagnement. On peut aussi ajouter des croûtons frottés à l'ail.

INGRÉDIENTS

- 310 ml (1 ¼ tasse) de vin rouge tannique
- 90 g (½ tasse) d'échalotes, hachées finement
- 310 ml (1 ¼ tasse) de fumet de poisson (voir p. 12)
- Roux blanc (voir recette p. 12)
- Sel et poivre du moulin
- 300 g (5 tasses) de champignons blancs et fermes, lavés et coupés en dés
- 240 g (1 lb) de petits oignons de semence
- 210 g (7 oz) de lard fumé, en petits lardons
- 2 c. à soupe d'huile de cuisson
- 16 médaillons de baudroie (lotte) de 40 g (1 ½ oz)
- 300 g (2 ½ tasses) de pommes de terre ou de riz cuit

ÉQUIVALENT
Requin, mérou, albacore, mahi-mahi.

Tilapia à la vapeur de jus de palourde et salpicon de champignons et de palourdes

4 portions · Difficulté : 3 · Préparation : 30 min · Cuisson : 10 min

INGRÉDIENTS

- 60 g (¼ tasse) de beurre non salé
- 400 g (6 ½ tasses) de champignons blancs et fermes, lavés et hachés
- 250 ml (1 tasse) de jus de palourde
- Sel et poivre du moulin
- 4 filets de tilapia de 180 g (6 oz)
- 80 g (⅓ tasse) de beurre en pommade (température ambiante)
- 120 g (4 oz) de palourdes, hachées
- 20 g (⅔ tasse) de persil, haché

SERVICE

Dans chaque assiette, former un socle avec le salpicon de champignons afin d'y déposer le tilapia. Napper de l'émulsion au jus de palourde.

PRÉPARATION

SALPICON DE CHAMPIGNONS

- Dans un sautoir, chauffer le beurre et cuire les champignons jusqu'à évaporation complète de l'humidité. Saler, poivrer, ajouter 60 ml (¼ tasse) de jus de palourde. Conserver au chaud.

TILAPIA

- Dans une grande casserole à vapeur, porter à ébullition le jus de palourde restant.
- Assaisonner les filets de tilapia et les cuire à la vapeur de 3 à 6 min. Réserver au chaud.
- Verser le jus de cuisson des filets de tilapia dans un batteur sur socle, émulsionner avec le beurre en pommade et incorporer les palourdes et le persil.

Sébaste à la moutarde de Meaux

4 portions · Difficulté : 2 · Préparation : 20 min · Cuisson : 8 min

- 4 filets de sébaste de 150 g (5 oz) chacun
- 310 ml (1 ¼ tasse) de crème 35 %
- Sel et poivre du moulin
- 80 ml (⅓ tasse) d'huile d'olive
- 7 c. à soupe de moutarde en grains de Meaux
- 160 ml (⅔ tasse) de fond de veau brun lié ou l'équivalent du commerce (voir p. 17)
- 7 g (¼ tasse) d'estragon, haché finement

SERVICE

Verser la sauce moutarde au fond de chaque assiette et disposer délicatement chaque filet sur celle-ci. Servir avec des petites pommes de terre vapeur.

- Bien éponger les filets de sébaste et conserver au réfrigérateur.
- Dans une casserole, réduire la crème de moitié et réserver.
- Saler et poivrer les filets de sébaste. Dans une poêle épaisse, chauffer l'huile et saisir les filets jusqu'à ce qu'ils fassent une légère croûte de chaque côté, réduire la chaleur et, à l'aide d'un pinceau, bien badigeonner les filets de sébaste avec 5 c. à soupe de moutarde de Meaux. Conserver les filets à la chaleur.
- Ajouter à la crème réduite, le fond de veau brun, la moutarde de Meaux restante et l'estragon. Saler et poivrer au goût.

ÉQUIVALENT

Mérou, tille, baudroie, espadon, mahi-mahi, aiguillat.

Filets de grondin gris ou de prionote du Nord, brunoise de légumes aux algues

4 portions · Difficulté : 3 · Préparation : 25 min · Cuisson : 30 min

- Dans un sautoir, chauffer le beurre, ajouter les échalotes, tous les légumes en brunoise et le citron, étuver 1 à 2 min.

- Ajouter le Noilly-Prat, la Suze, le fumet de poisson et le bouquet garni. Saler et poivrer, puis cuire 6 à 8 min. Goûter et rectifier l'assaisonnement.

- Préchauffer le four à 250 °C (480 °F).

- Bien éponger les filets de grondin gris, saler, poivrer à l'extérieur comme à l'intérieur.

- Choisir un plat avec rebords allant au four. Ranger les poissons en tête à queue puis verser de chaque côté la préparation et ajouter les algues déshydratées.

- Couvrir avec un papier sulfurisé ou d'aluminium. Cuire au four pour atteindre 68 °C (155 °F) à cœur (5 à 8 min).

- Servir très chaud avec le fond de cuisson, accompagné de petites pommes de terre cuites à l'eau salée et garnir de persil.

- 80 g (¹/₃ tasse) de beurre non salé
- 60 g (¹/₃ tasse) d'échalotes, hachées finement
- 150 g (2 ¹/₂ tasses) de champignons blancs et fermes, coupés en brunoise
- 50 g (¹/₂ tasse) de carottes, coupées en brunoise
- 1 branche de céleri, coupée en brunoise
- ¹/₂ blanc de poireau, coupé en brunoise
- ¹/₂ poivron jaune, coupé en brunoise
- 2 racines de persil, coupées en brunoise
- Les suprêmes d'un citron, coupés en brunoise
- 125 ml (¹/₂ tasse) de Noilly-Prat (facultatif) ou de vin blanc
- 60 ml (¹/₄ tasse) de Suze (facultatif) ou de Campari
- 175 ml (³/₄ tasse) de fumet de poisson (voir p. 12)
- 1 bouquet garni
- Sel et poivre du moulin
- 8 filets de grondin gris de 80 à 130 g (2 ¹/₂ à 4 ¹/₂ oz)
- 5 g (¹/₄ tasse) d'algues déshydratées, hachées (style goémon)
- 400 g (³/₄ lb) de petites pommes de terre
- 20 g (²/₃ tasse) de persil, haché finement

ÉQUIVALENT

Rouget-barbet, seriole, pageot, rascasse, prionote du Nord, dorade.

INFORMATION

Cette famille de grondin est rare en Atlantique du côté canadien ; cependant, il existe un cousin germain appelé prionote du Nord que malheureusement nous négligeons de cuisiner au Canada.

INGRÉDIENTS

- 800 g (8 tasses) de céleri-rave ou boule, en gros cubes
- 500 g (2 tasses) de pommes de terre, en gros cubes
- 625 ml (2 ½ tasses) de lait
- Sel au goût
- ½ feuille de laurier
- 1 brin de thym
- 160 g (1 ¼ tasse) de pignons
- 80 g (⅓ tasse) de beurre non salé
- 80 ml (⅓ tasse) d'huile de cuisson
- Farine tamisée
- 4 filets de loup de 180 g (6 oz)
- Sel et poivre du moulin
- 125 ml (½ tasse) de fond de veau brun lié (voir p. 17) ou l'équivalent du commerce, chaud
- 20 g (⅔ tasse) de pluches de cerfeuil

ÉQUIVALENT

Morue lingue, mérou, morue, colin, goberge, merlan du Chili, lieu noir.

CONSEIL

Il est important de ne pas confondre le bar d'Amérique avec le bar européen, appelé aussi loup. Ce loup que nous cuisinons est encore peu utilisé sur nos tables, mais il est de haute qualité.

PRÉPARATION

Filets de loup de l'Atlantique poêlés, purée de céleri aux pignons grillés

4 portions · Difficulté : 3 · Préparation : 30 min · Cuisson : 10 min

- Dans une casserole, mettre le céleri-rave, les pommes de terre, le lait, le sel, le laurier et le thym. Porter à ébullition et laisser mijoter jusqu'à ce que les légumes soient tendres.

- Pendant ce temps, dans une poêle à fond épais, faire griller les pignons à sec en remuant continuellement jusqu'à ce qu'ils aient une belle couleur dorée.

- Au terme de la cuisson des légumes, bien les égoutter, les passer au moulin à légumes, détendre avec le lait de cuisson et ajouter le beurre. Incorporer les pignons et conserver au chaud.

- Dans une poêle à fond épais, chauffer le beurre et l'huile, fariner rapidement chaque morceau de filet de loup puis les saisir de chaque côté, réduire la chaleur pour atteindre 68 °C (155 °F) à cœur. Saler et poivrer.

- Au fond de chaque assiette, faire un petit coussin de purée de céleri-rave aux pignons et disposer le filet de loup, entourer d'un cordon de fond de veau lié et garnir de pluches de cerfeuil.

INFORMATION

Pourquoi des pommes de terre avec le céleri ? Tout simplement pour donner du corps à votre purée qui serait autrement trop molle.

AUTRES DIVERSES FAMILLES

Ce groupe de poissons comprend les plus petits (éperlans) comme les plus gros (requins).

La famille des requins commercialisés pour la consommation comprend neuf grandes familles qui sont différenciées soit par la tête, la queue, les dorsales et, même les branchies. Seul, dans sa famille, l'espadon (xiphiidés) est très prisé sur le plan gustatif. Voilier de l'Atlantique et makaire à longue pectorale font partie de la famille des siophoridés. Le congre (*Congidae*), aiguillat (*Squalidae*), mahi-mahi (*Coryphaenidae*) et loquette d'Amérique (*Zoarcidae*) et carangue (*Carangidae*) sont des poissons qui demandent à être connus sur le plan culinaire. Ce sont des poissons qui peuvent être côtiers ou vivre en eaux profondes, ils ont tous un attrait qui font que chaque mets aura sa personnalité bien à lui.

Autres diverses familles

 Petit    Moyen    Gros

Espadon

Nom angl.: Swordfish. **Nom scient.:** *Xiphias gladius* (Linné) 1758. **Appellations erronées:** Poisson sabre, poisson épée. **Caractéristiques:** L'espadon nage habituellement près de la surface dans une eau dont la température est d'au moins 15 °C (60 °F). Le dos de l'espadon possède des tons de violet métallique et le dessous noirâtre. Il peut atteindre de très grandes tailles. **Qualité:** ★★★★. **Prix:** $$$$.

Coryphéne/Mahi-Mahi

Noms angl.: Mahi-Mahi, Dolphin. **Nom scient.:** *Coryphaena hippurus*. **Appellations erronées:** Coriphène commune, dorade coryphène. **Caractéristiques:** Ce poisson mesure communément 1 m (40 po), mais il peut atteindre 2 m (6,5 pi). Le mahi-mahi possède le dos de couleur métallique bleu-vert. **Qualité:** ★★★. **Prix:** $$$.

Requin bleu

Noms angl.: Blue Shark, Blue Dog. **Nom scient.:** *Prionage glauca*. **Appellations erronées:** Peau bleu, squale. **Caractéristiques:** Son dos est blanc, son museau long, ses pectorales sont longues et pointues et il peut atteindre 3,80 m (12 pi). **Qualité:** ★★★. **Prix:** $$$.

Requin taupe bleu/Mako

Noms angl.: Mako, Shortfin Mako. **Nom scient.:** *Isurus oxyrhinchus*. **Appellations erronées:** Taupe bleue, requin taupe. **Caractéristiques:** Son dos est bleu ou bleu-gris foncé, son ventre est blanc. Il vit en eaux plutôt chaudes et tropicales. Sa taille varie de 3 m à 3,70 m (10 à 12 pi). Il peut atteindre 4 m (13 pi). **Qualité:** ★★★. **Prix:** $$$.

Aiguillat

Nom angl.: Spiny Dogfish. **Nom scient.:** *Squalus acanthias* (Linné) 1758. **Appellations erronées:** Chien, chien de mer, saumonette. **Caractéristiques:** Son dos est gris foncé, parfois teinté de brun, le ventre varie du gris pâle au blanc. Ce poisson peut mesurer jusqu'à 1,35 m (53 po) et peut peser jusqu'à 9,2 kg (20 lb). **Qualité:** ★★. **Prix:** $$.

Petite roussette/Grande roussette

Noms angl.: Sportted Dogfish, Rock Salmon. **Noms scient.:** *Seyliorhinus canicula, Seyliorhinus stellaris*. **Appellations erronées:** Roussette, saumonette (à l'état pelé). **Caractéristiques:** Ces deux poissons sont différenciés par la taille, la petite roussette ne dépasse pas 80 cm (32 po), la grande peut atteindre 1,20 m (48 po). Sa robe jaunâtre est recouverte de très nombreuses taches noires. **Qualité:** ★★. **Prix:** $$.

Makaire et Voilier de l'Atlantique

Noms anglais : White Marlin, Marlin. **Noms scient. :** *Tetrapturus pfluegeri, Istiophorus albicans*. **Appellations erronées :** Marlin. **Caractéristiques :** Ces deux cousins de la famille des Istiophorides sont souvent de la même taille 2,50 à 3 m (8 à 10 pi), dos relativement la même couleur (bleu-noir ou bleu sombre). Les flancs sont argentés. **Qualité :** ★★★★. **Prix :** $$$$.

Congre d'Amérique

Nom angl.: American Conger Eel. **Nom scient. :** *Conger oceanicus* (Mitchill) 1818. **Appellations erronées :** Serpent de mer. **Caractéristiques :** Le congre peut atteindre 2,10 m (7 pi) et 10 kg (22 lb). Sa couleur est généralement dans les tons de gris, et le ventre est blanchâtre. **Qualité :** ★★★. **Prix :** $$.

Loquette d'Amérique

Nom angl. : Ocean Pout. **Nom scient. :** *Macrozoarces americanus* (Bloch, Schneider). **Appellations erronées :** Eelpout. **Caractéristiques :** Sa couleur varie de jaunâtre au brun rougeâtre, parsemée de taches grises ou vert olive. Il peut atteindre 1,15 m (3 pi 8 po) et un poids de 5,5 kg (12 lb), mais, en général les exemplaires de plus de 80 cm (31 ½ po). **Qualité :** ★★★. **Prix :** $$$.

Carangue jaune

Noms angl. : Blue Runner, Marlin. **Nom scient :** *Caranx crysos* (Mitchill) 1815. **Appellations erronées :** Hard Tail, Yellow Jack. **Caractéristiques :** Dos dans les tons de vert, parties inférieures des flancs et ventre de couleur doré ou argenté. Poisson pouvant atteindre une longueur de 60 cm (24 po) et un poids de 1,8 kg (4 lb). **Qualité :** ★★★. **Prix :** $$.

Éperlan

Nom angl. : American Smelt. **Nom scient. :** *Osmerus mordax* (Mitchill) 1815. **Appellations erronées :** Eplan, Épelan, Éperlan arc-en-ciel. **Caractéristiques :** Le dos est dans les tons de vert avec des flancs plus pâles avec bandes argent et ventre argenté. L'ensemble du corps est parsemé de petits points noirs. Longueur variant de 13 à 20 cm (5 à 8 po). **Qualité :** ★★★. **Prix :** $$.

Tranches d'espadon grillées, compote de câpres, d'herbes et de champignons au jus d'huître émulsionné

4 portions · Difficulté : 3 · Préparation : 20 min · Cuisson : 15 min

- Dans une poêle, chauffer le beurre et cuire les champignons jusqu'à complète évaporation du liquide. Saler et poivrer. Réserver.

- Dans un bol, mélanger les herbes fraîches, les câpres et les champignons jusqu'à l'obtention d'une compote. Réserver.

- Après avoir bien épongé les tranches d'espadon, saler, poivrer et badigeonner d'huile.

- Chauffer la grillade en trois dimensions, puis quadriller les tranches d'espadon de chaque côté, réduire la cuisson pour atteindre 68 °C (155 °F) à cœur.

- Pendant ce temps, émulsionner au mélangeur le jus d'huître chaud, l'huile d'olive et le jus de citron. Mélanger délicatement avec la compote et rectifier l'assaisonnement.

INGRÉDIENTS

- 80 g (⅓ tasse) de beurre non salé
- 300 g (5 tasses) de champignons blancs et bien fermes, lavés et hachés
- Sel et poivre
- 25 g (¾ tasse) de feuilles d'estragon, hachées
- 40 g (1 tasse) de persil, équeuté et haché
- 15 g (½ tasse) de thym frais, haché
- 60 g (¼ tasse) de câpres, hachées
- 4 tranches d'espadon de 180 g (6 oz)
- Sel et poivre
- 60 ml (¼ tasse) d'huile de cuisson
- 125 ml (½ tasse) de jus d'huître
- 125 ml (½ tasse) d'huile d'olive
- Le jus d'un citron frais pressé

ÉQUIVALENT
Mahi-mahi, makaire, mako, aiguillat, voilier, baudroie, saumon, morue, aiglefin.

SERVICE
Disposer les tranches d'espadon dans les assiettes et servir avec la compote très chaude et à part dans une saucière. Des petites pommes de terre noisettes sautées seront un bon accompagnement.

Mahi-mahi ou coryphène,
sauce fraîche au pamplemousse,
campari, huile de tournesol

4 portions · Difficulté : 2 · Préparation : 10 min · Cuisson : 10 min

INGRÉDIENTS

- 4 tranches épaisses de mahi-mahi de 180 g (6 oz)
- Sel et poivre
- Farine tamisée
- 60 g (¹/₄ tasse) de beurre non salé
- 60 ml (¹/₄ tasse) d'huile de cuisson
- 160 ml (²/₃ tasse) d'huile de tournesol
- 160 ml (²/₃ tasse) de suprêmes de pamplemousse
- 160 ml (²/₃ tasse) de campari[1]
- Sel et poivre

ÉQUIVALENT

Espadon, makaire, mako, aiguillat, voilier, baudroie, saumon, morue, aiglefin.

SERVICE

Mettre les tranches de mahi-mahi dans des assiettes très chaudes, accompagner d'une purée de pommes de terre ou de petites pommes de terre rattes, cuites à l'eau salée. Le mélange de campari et de pamplemousse, additionné de l'huile, est équilibré et convient très bien à la texture de ce poisson.

PRÉPARATION

- Bien éponger les tranches de mahi-mahi. Saler, poivrer et fariner.

- Dans une poêle à fond épais, chauffer le beurre et l'huile de cuisson. Saisir et faire dorer les tranches de mahi-mahi de chaque côté, réduire la chaleur pour atteindre 68 °C (155 °F) à cœur.

- Pendant la cuisson, chauffer l'huile à 70 °C (160 °F), y incorporer les suprêmes de pamplemousse, brasser doucement au fouet, jusqu'à ce que la pulpe se défasse, ajouter le campari et assaisonner.

INFORMATION

[1] **Campari** : Apéritif italien rafraîchissant par son amertume, de la même manière que la suze ou l'alcool de gentiane.

Requin bleu mako enrobé de chapelure fraîche et de pistils de safran, sauté au beurre d'échalote

4 portions · Difficulté : 3 · Préparation : 20 min · Cuisson : au thermomètre

CHAPELURE FRAÎCHE

- Enlever la croûte marron du pain en tranches et hacher la mie au robot de cuisine. Conserver au réfrigérateur dans un récipient à fermeture hermétique. Cette chapelure se conservera plus d'un mois.

ÉTAPE D'ENROBAGE

1. Une plaque avec la farine tamisée.
2. Un œuf battu avec le lait.
3. Une plaque avec la chapelure fraîche.

BEURRE D'ÉCHALOTE CITRONNÉ

- Dans une petite casserole, chauffer 60 g (¼ tasse) de beurre et faire suer doucement les échalotes. Ajouter le Noilly-Prat et poursuivre la cuisson encore 5 min. Ajouter 2 pincées de sel de mer et laisser refroidir.
- Incorporer le beurre restant, le jus de citron, poivrer et rectifier l'assaisonnement au besoin. Réserver à température ambiante.

- Préchauffer le four à 150 °C (300 °F).
- Bien éponger les morceaux de mako, saler et poivrer et répartir les pistils de safran sur chaque morceau de poisson.
- Fariner les morceaux de mako, les tremper dans l'œuf battu et les enrober de chapelure fraîche.
- Dans une poêle à fond épais, chauffer le beurre d'échalote et ajouter les morceaux de mako. (Ils absorberont rapidement le beurre, c'est normal.)
- Laisser colorer de chaque côté et poursuivre la cuisson au four pour atteindre 68 °C (155 °F) à cœur.

INGRÉDIENTS

- 160 g (⅔ tasse) de beurre d'échalote citronné
- 1 pain blanc en tranches ou un pain de mie
- 100 g (⅔ tasse) de farine tamisée
- 1 œuf
- 125 ml (½ tasse) de lait
- 4 morceaux épais de mako de 180 g (6 oz)
- Une pincée de pistils de safran ou de safran, haché
- Sel et poivre du moulin

BEURRE D'ÉCHALOTE CITRONNÉ

- 300 g (1 ¼ tasse) de beurre non salé, à température ambiante
- 90 g (½ tasse) d'échalotes, hachées finement
- 125 ml (½ tasse) de Noilly-Prat
- Sel de mer
- Le jus d'un citron frais pressé
- Poivre blanc du moulin

ÉQUIVALENT

Espadon, baudroie, mahi-mahi, thon, bonite, albacore, tile, voilier, makaire.

SERVICE

Servir immédiatement afin que la croûte reste croustillante. Des petits légumes de saison seront un bon accompagnement.

Rôti de voilier campagnard

4 portions · Difficulté : 3 · Préparation : 30 min · Cuisson : 40 à 50 min

- I morceau de voilier sans peau de 1,2 à 1,5 kg (2 ½ à 3 lb)
- Sel et poivre du moulin
- I bardière assez grande pour entourer le rôti
- 80 ml (⅓ tasse) d'huile d'olive
- 150 g (1 tasse) de petits oignons blancs frais ou rouges
- 150 g (5 oz) de lard fumé, en lardons de 0,5 x 2 cm (¼ x ¾ po)
- 250 g (2 ½ tasses) de champignons blancs et fermes, en quartiers
- 250 ml (1 tasse) de fond de veau non lié (voir p. 17)
- 300 g (2 ½ tasses) de petites pommes de terre noisettes
- 30 g (1 tasse) de persil, haché

ÉQUIVALENT

Requin, makaire, espadon, mahi-mahi, thon, bonite, albacore.

SERVICE

Couper des belles tranches de voilier, napper avec le fond de cuisson et disposer la garniture autour. Garnir de persil.

- Préchauffer le four à 170 °C (340 °F).

- Saler et poivrer le morceau de voilier, l'envelopper avec la bardière et bien le ficeler.

- Dans une cocotte à fond épais, chauffer l'huile et colorer le rôti de chaque côté. Ajouter les petits oignons, les lardons et cuire au four à couvert. Arroser fréquemment. Lorsqu'on atteint 50 °C (120 °F) à cœur, extraire le gras de cuisson, ajouter les champignons et le fond de veau. Poursuivre la cuisson pour atteindre 68 °C (155 °F) à cœur tout en arrosant fréquemment.

- Retirer le rôti et cuire les petites pommes de terre noisettes dans le jus de cuisson et la garniture. Rectifier l'assaisonnement.

Congre à la catalane

PRÉPARATION

CATALANE

- Retirer les pédoncules des 8 tomates, émonder, épépiner et couper en petits dés.

- Chauffer l'huile, saisir les oignons et l'ail. Ajouter les tomates, le thym, le persil, le romarin, la feuille de laurier et les olives. Saler, poivrer et cuire doucement 20 à 30 min jusqu'à l'évaporation presque complète du liquide.

CONGRE

- Préchauffer le four à 90 °C (190 °F).

- Saler et poivrer les tronçons de congre, mettre dans un plat allant au four afin que la catalane recouvre entièrement le congre.

- Verser un peu d'huile d'olive, recouvrir d'un papier sulfurisé et cuire au four pour atteindre 68 °C (155 °F) à cœur. Une cuisson à basse température a pour effet de garder la chair tendre.

- Servir immédiatement accompagné d'une pomme de terre mousseline.

INGRÉDIENTS

- 8 tomates mûres (en saison) ou 2 conserves de tomates italiennes
- 60 ml (¼ tasse) d'huile d'olive
- 1 oignon espagnol de 120 g (4 oz), coupé en brunoise
- 3 gousses d'ail, hachées
- 1 brin de thym frais, haché finement
- 30 g (1 tasse) de persil, équeuté et haché finement
- 2 brins de romarin, haché finement
- 1 feuille de laurier
- 210 g (1 ¾ tasse) d'olives noires, dénoyautées
- Sel et poivre du moulin
- 4 tronçons de congre de 180 à 210 g (6 à 7 oz)

ÉQUIVALENT

Thon, requin Mako, albacore, espadon, makaïre, bonite, baudroie.

Roulades de loquette aux moules

4 portions · Difficulté : 3 · Préparation : 30 min · Cuisson : 10 à 15 min

- 8 morceaux de filet de loquette de 90 à 120 g (3 à 4 oz)
- Sel et poivre
- 175 ml (³/₄ tasse) de vin blanc sec
- 90 g (¹/₂ tasse) d'échalotes, hachées finement
- 800 g (28 oz) de petites moules
- Veloutine ou fécule de maïs, riz ou pomme de terre
- 250 ml (1 tasse) de crème 35 %
- Le jus d'un citron vert
- 25 g (¹/₂ tasse) de ciboulette, ciselée ou de persil haché

ÉQUIVALENT

Filets de sole, filets de plie, filets de carrelet, filets de cardeau et filets de limande.

SERVICE

Servir très chaud avec des petites pommes de terre parisiennes cuites à l'eau salée et garnir de ciboulette ou de persil haché.

- Aplatir les morceaux de filet de loquette tel qu'indiqué ci-dessous. Saler et poivrer et réserver.

TECHNIQUE

Placer les filets entre deux feuilles d'aluminium.

Taper doucement.

Filet agrandi.

- Dans une casserole, mettre le vin blanc, les échalotes, les moules et cuire à couvert jusqu'à ce que les moules s'ouvrent. Arrêter immédiatement la cuisson. Laisser refroidir et retirer les moules des coquilles. Mettre 2 moules au centre de chaque filet et les enrober.

- Préchauffer le four à 150 °C (300 °F).

- Mettre les roulades de loquette dans un plat allant au four et verser le jus de cuisson des moules. Recouvrir d'un papier sulfurisé et cuire au four jusqu'à ce que des petites perles blanches sortent des filets. Sortir les roulades, les essorer sur du papier absorbant et conserver au chaud.

- Dans une petite casserole, réduire la crème de moitié et ajouter le jus de citron vert.

- À l'aide de veloutine, lier le jus de cuisson, ajouter la crème réduite et rectifier l'assaisonnement.

- Remettre les roulades dans la sauce et ajouter les moules restantes.

Beignets d'éperlans frits

PRÉPARATION

PÂTE À FRIRE

- Dans un récipient, mettre la farine et faire un puits au centre.

- Séparer les jaunes des blancs d'œufs. Verser les jaunes dans le puits, le sel, le poivre et 125 ml (½ tasse) de bière. Laisser quelques minutes pour que le sel fonde. Incorporer la bière restante tout en mélangeant. Passer à la passoire à mailles et réserver au réfrigérateur au moins 1 h.

- Trente minutes avant d'exécuter la recette, bien éponger les éperlans, saler, poivrer et conserver à température ambiante.

- Monter les blancs d'œufs bien fermes et les incorporer à la pâte à frire.

- Chauffer l'huile de friture très chaude.

- Tremper les éperlans dans la pâte à frire et les cuire un à un délicatement en les retournant (1 à 2 min de cuisson suffiront pour qu'ils soient cuits et croustillants). Les servir immédiatement avec des quartiers de citron.

INGRÉDIENTS

- 500 g (3 ⅓ tasses) de farine tamisée
- 4 œufs
- Sel et poivre blanc moulu
- 375 ml (1 ½ tasse) de bière blonde
- 600 g (20 oz) d'éperlans, de préférence petits
- 1 citron, en quartiers
- Huile pour friture

ÉQUIVALENT
Petites perchaudes, petits capelans, petits anchois.

POISSONS D'EAU DOUCE

Les eaux douces du Canada comptent 24 familles et 137 espèces de poissons, 181 si on inclut les espèces exotiques qui y ont été introduites et qui s'y sont maintenues. Nous avons déjà accordé un chapitre sur la famille des salmonidés, ces poissons d'une grande qualité dont nous avons d'énormes ressources. Les autres poissons d'eau douce ont aussi une grande importance et c'est de ceux-là que nous parlons dans ce chapitre. Deux poissons au Québec sont très prisés, soit les dorés et la perchaude. Au début du printemps, les filets de perchaude sont d'un goût savoureux, tandis que l'été, les dorés font la joie des pêcheurs sportifs. Mais que dire de l'esturgeon, ce poisson qui existe depuis le crétacé supérieur? Au Québec, l'esturgeon peut vivre de 50 à 80 ans, selon le sexe. Ce magnifique poisson est surtout utilisé fumé, mais la plupart des gens connaissent aussi le caviar d'esturgeon de Russie ou d'Iran. Aux XVIIe et XVIIIe siècles, la chair d'esturgeon était réservée aux dignitaires.

Poissons d'eau douce

 Petit    Moyen    Gros

Perchaude

Nom angl.: Yellow-perch. **Nom scient.:** *Penea flavescens.* **Appellation erronée:** Perche. **Caractéristiques:** Poisson très prisé en cuisine, au début du printemps, son corps dans les tons de vert et de brun doré a sept bandes de largeur décroissante sur le ventre. Sa longueur moyenne est de 20 cm (8 po) et il pèse en moyenne 100 g (3 oz). **Qualité:** ★★★. **Prix à l'achat:** $$.

Doré jaune

Nom angl.: Pickerell, Wa. **Nom scient.:** *Stizostedion vitreum.* **Appellations erronées:** Doré blanc, sandre. **Caractéristiques:** Sandre et doré sont des cousins germains. Ce poisson à chair blanche et maigre possède des tons de brun et de jaune avec un ventre blanc. Son poids peut atteindre 4,5 à 5,5 kg (10 à 12 lb). **Autres dorés:** Doré noir - *Stizostedion canadense* – Sand Pickerel; Sandre Stizoste Dion – *Lucio perca* – Pike Perch. **Qualité:** ★★★★. **Prix à l'achat:** $$$.

Brochet

Nom angl.: Northern Pike. **Noms scient.:** *Esox lueius, Esox niger.* **Appellations erronées:** Chain Pickerel, Lake Pickerel. **Caractéristiques:** Ce poisson peut atteindre une très grande longueur et un poids très important. Sa chair est dans les tons de vert et de brun, son corps est parsemé de taches pâles. Même s'il contient de nombreuses arêtes, il constitue une belle aventure culinaire. **Même famille:** Maskinongé: *Esox masquinongy;* Grand brochet: *Esox lucius;* Brochet maillé: *Esox niger;* Brochet d'Amérique: *Esox americanus;* Brochet vermiculé: *Esox vermiculatus.* **Qualité:** ★★★. **Prix à l'achat:** $$

Anguille

Noms angl.: American Eel et Common Eel. **Nom scient.:** *Anguilla rostrata.* **Appellation erronée:** Anguille commune. **Caractéristiques:** Sa chair est grasse et foncée. Son dos est dans les tons de noir ou de brun, ses flancs sont jaunes et son ventre blanc jaunâtre. Sa longueur moyenne varie de 70 à 100 cm (27 à 39 po) et son poids moyen de 1,1 à 1,6 kg (2 ½ à 3 ½ lb). **Qualité:** ★★★. **Prix à l'achat:** $$.

Achigan à petite bouche

Nom angl.: Smallmouth bass. **Nom scient.:** *Micropterus dolomiovi.* **Appellation erronée:** Achigan à grande bouche. **Caractéristiques:** Sa chair est blanche et floconneuse. Son dos est dans les tons de brun et vert avec de petites taches dorées. Le ventre va du crème au blanc laiteux. Sa longueur moyenne est de 20 à 38 cm (8 à 15 po) et son poids varie de 240 à 560 g (8 à 20 oz). **Qualité:** ★★★. **Prix à l'achat:** $$.

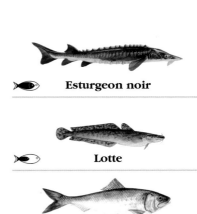

Esturgeon noir

Nom angl.: Atlantic Sturgeon. **Nom scient.:** *Acipenser oxyrhym.* (Chus). **Appellations erronées:** Camus, esturgeon de lac. **Caractéristiques:** L'esturgeon est un poisson millénaire avec une structure osseuse bien particulière. Au XIXe siècle, c'était un poisson réservé à la haute aristocratie, de par sa qualité. **Autres espèces:** Esturgeon noir: *Acipenser oxyrhynchus*; Esturgeon vert: *Acipenser medirestris*; Esturgeon de lac: *Acipenser fluvescens*; Esturgeon à museau court: *Acipenser brevirostrum*. **Qualité:** ★★★★. **Prix à l'achat:** $$$$.

Lotte

Nom angl.: Burbot. **Nom scient.:** *Lota lota.* **Appellation erronée:** Loche. **Caractéristiques:** La lotte fait partie de la même famille que la morue. Sa chair est très délicate. Sa couleur variant du jaune au brun, sa longueur moyenne peut osciller de 35 à 55 cm (14 à 22 po) et son poids de 750 g à 1,8 kg (26 oz à 4 lb). **Qualité:** ★★. **Prix à l'achat:** $$.

Alose Savoureuse

Nom angl.: American shad. **Nom scient.:** *Alosa sapidissima.* **Appellations erronées:** Alase d'Amérique. **Caractéristiques:** L'alose est de couleur bleu foncé sur le dos et blanc argenté sur les flancs et sur le ventre. Sa longueur peut atteindre 90 cm (35 po) et son poids 4 kg (8 à 9 lb). **Qualité:** ★★. **Prix à l'achat:** $$.

Carpe

Noms angl.: Carp. **Nom scient.:** *Cyprinus carpio* (Carp). **Appellations erronées:** Carpe allemande, carpe cuir, carpe miroir. **Caractéristiques:** La carpe a le dos vert et le ventre jaunâtre. Poisson pouvant mesurer jusqu'à 20 cm (8 po) et pouvant peser de 4,5 à 6,8 kg (10 à 15 lb). Sa chair est très grasse et brune. **Qualité:** ★★. **Prix à l'achat:** $.

Barbue de rivière

Noms angl.: Catfish, Chanel Catfish. **Nom scient.:** *Ictalurus punctatus.* **Appellations erronées:** Barbue d'Amérique, barbue du Nord, poisson-chat. **Caractéristiques:** La barbue a une coloration du corps qui varie beaucoup en fonction de l'âge. Taille pouvant aller jusqu'à 1,5 kg (3 ¼ lb) à 20 ans. Sa chair est foncée et grasse. **Qualité:** ★★. **Prix à l'achat:** $.

Laquaiche aux yeux d'or

Nom angl.: Goldeye. **Nom scient.:** *Hiodon alosoides.* **Caractéristiques:** Ce poisson a le dos bleu foncé tirant sur le vert-bleu et ventre blanc. Poisson mesurant généralement de 30 à 38 cm (12 à 15 po). Sa chair est molle et grise. **Qualité:** ★★. **Prix à l'achat:** $.

Mousseline de brochet « Mère Jeanne »

4 portions · Difficulté : 3 · Préparation : 40 min · Cuisson : 20 min

C'est cette recette qui a fait le succès des restaurants du pavillon de la France lors de l'Exposition universelle de 1967, à Montréal.

Le brochet, à qui l'on attribue tous les défauts (trop d'arêtes - pas mangeable - pas bon, etc.), est pourtant d'un attrait culinaire exceptionnel.

- Laver les filets de brochet et les passer deux fois au hachoir à grilles (grilles moyennes d'abord, puis fines, mais jamais au robot de cuisine). Laisser la chair du brochet 1 h à l'entrée du congélateur, car elle doit être très froide pour poursuivre la recette avec succès.

- Incorporer un à un les œufs à la chair de brochet refroidie, saler et poivrer, ajouter la noix de muscade et incorporer le beurre, 1 cuillerée à la fois. C'est la partie la plus difficile, car le brochet frais accepte mal les corps gras.

- Lorsque l'ensemble sera bien homogène, incorporer la crème très froide, 1 à 2 °C (33 à 34 °F). Le mélange devrait être très lisse.

- À l'aide d'une corne[1], passer au tamis, puis, avec une poche à pâtisserie, remplir les moules qui auront été généreusement beurrés.

- Cuire au bain-marie et au four; l'eau ne doit pas dépasser 90 °C (190 °F).

- Au terme de la cuisson, démouler sur les assiettes et napper d'une sauce homardine (voir p. 16).

- Un riz pilaf sera un bon accompagnement.

INGRÉDIENTS

- 700 g (1 ½ lb) de filets de brochet très frais (ne jamais utiliser de brochet qui a été congelé)
- 3 œufs entiers
- Sel et poivre blanc moulu
- 1 pointe de noix de muscade
- 180 g (¾ tasse) de beurre non salé, très en pommade (température ambiante)
- 175 ml (¾ tasse) de crème 35 %
- 310 ml (1 ¼ tasse) de sauce hollandaise (voir p. 13)
- 260 g (2 tasses) de riz pilaf, cuit

INFORMATION

(1) **Corne :** Ustensile servant à récupérer les restes de pâte ou de crème d'un mélange.

4 portions · Difficulté : 2 · Préparation : 20 min · Cuisson : 10 à 15 min

INGRÉDIENTS

- 1 anguille de 600 à 800 g (21 à 28 oz)
- 60 g (¼ tasse) de beurre non salé
- 100 g (2 tasses) de feuilles d'oseille
- 25 g (½ tasse) de feuilles d'ortie
- 20 g (½ tasse) de persil plat
- 1 c. à café (1 c. à thé) de pimprenelle[1]
- 1 c. à café (1 c. à thé) de sauge verte
- 1 c. à café (1 c. à thé) de sarriette
- ½ c. à café (½ c. à thé) d'estragon
- 1 c. à café (1 c. à thé) de cerfeuil
- Une pincée de thym frais
- 500 ml (2 tasses) de bière blonde
- Sel et poivre du moulin
- Fécule de riz

ÉQUIVALENT
Aiguillat, congre, roussette.

PRÉPARATION

Au Québec, nous sommes un des pays au monde où nous pêchons le plus d'anguilles. Cependant, nous en consommons très peu. Les Belges font une spécialité de ce poisson, que je vous fais découvrir.

- Couper l'anguille en tronçons de 5 cm (2 po).

- Dans une poêle, chauffer le beurre et faire fondre les feuilles d'oseille, les feuilles d'ortie, le persil, la pimprenelle, la sauge verte, la sarriette, l'estragon et le cerfeuil. Ajouter le thym et faire raidir les tronçons d'anguille.

- Mouiller avec la bière, saler et poivrer. Cuire environ 10 à 15 min, puis lier avec la fécule de riz pour que le fond de cuisson ne soit pas trop clair. Cette recette se consomme généralement froide.

INFORMATION
(1) **Pimprenelle :** Herbe qui rappelle la saveur du concombre.

Rôti d'esturgeon aux champignons

4 portions · Difficulté : 3 · Préparation : 35 min · Cuisson : Au thermomètre

La chair de ce poisson ressemble étrangement à la texture d'un rôti de viande blanche.

- Préchauffer le four à 200 °C (400 °F).

- Ficeler le morceau d'esturgeon, saler et poivrer. Dans une cocotte à fond épais, chauffer le beurre, l'huile et faire revenir délicatement le rôti.

- Couvrir et cuire au four en l'arrosant fréquemment.

- Lorsque la température atteindra 50 °C (120 °F) à cœur, parsemer autour la mirepoix de légumes, puis poursuivre la cuisson jusqu'à ce que la température atteigne 65 °C (150 °F). Retirer le rôti du four et conserver au chaud.

- Verser dans le fond de cuisson les champignons, ajouter le vin blanc et le fumet de poisson et le fond de veau. Cuire jusqu'à ce que les champignons soient bien cuits. Rectifier l'assaisonnement.

- 1 morceau de filet d'esturgeon épais de 1,2 kg (2 ½ lb)
- Sel et poivre du moulin
- 80 g (⅓ tasse) de beurre non salé
- 80 ml (⅓ tasse) d'huile de tournesol
- 240 g (1 lb) de mirepoix de légumes
- 420 g (14 oz) de champignons boutons
- 160 ml (⅔ tasse) de vin blanc sec
- 160 ml (⅔ tasse) de fumet de poisson (voir p. 12)
- 160 ml (⅔ tasse) de fond de veau brun lié (voir p. 17)

ÉQUIVALENT
Requin, thon, espadon.

SERVICE
Déficeler le rôti d'esturgeon, répartir le fond de cuisson avec les champignons et la mirepoix au fond de chaque assiette. Couper de belles tranches d'esturgeon, disposer sur la garniture. Une pomme de terre purée sera un bon accompagnement.

Goujonnettes d'achigan à petite bouche frites, sauce hollandaise

4 portions · Difficulté : 2 · Préparation : 10 min · Cuisson : 5 min

INGRÉDIENTS

- 500 g (3 ½ tasses) de farine tamisée
- Sel et poivre du moulin
- 3 jaunes d'œufs
- 310 ml (1 ¼ tasse) de bière brune
- 600 g (20 oz) de filets d'achigan à petite bouche
- 4 blancs d'œufs
- 175 ml (¾ tasse) de sauce hollandaise (voir p. 13)

SERVICE
Servir avec une sauce hollandaise en petits récipients à part.

PÂTE À FRIRE

- Mettre la farine dans un récipient, faire un puits au centre, saler, poivrer, verser les jaunes d'œufs puis incorporer la bière tout en remuant énergiquement pour obtenir une pâte assez ferme. Conserver au réfrigérateur.

- Préparer des goujonnettes d'achigan de 10 x 1,5 cm (4 x ½ po) et les envelopper dans un linge.

- Monter les blancs d'œufs et les incorporer à la pâte.

- Fariner les goujonnettes et les tremper 4 à la fois dans la pâte à frire. Cuire à l'huile de friture à 250 °C (480 °F) afin qu'elles soient bien saisies pour être croustillantes à l'extérieur et moelleuses à l'intérieur. Répéter l'opération pour toutes les goujonnettes en les gardant à l'entrée du four au chaud.

Filets de perchaude au beurre d'amande

4 portions · Difficulté : 2 · Préparation : 8 min · Cuisson : 5 à 8 min

- 120 g (1 tasse) d'amandes effilées
- 180 g (¾ tasse) de beurre non salé
- Le jus d'un citron frais pressé
- Sel et poivre du moulin
- 600 g (1 ⅓ lb) de filets de perchaude
- Huile à friture

ÉQUIVALENT
Doré, achigan, corégone, tile, mérou, baudroie.

SERVICE
Dans des assiettes très chaudes, disposer les filets de perchaude bouillants et napper de beurre d'amande.

- Pour la préparation du beurre d'amande, il est d'abord impératif de laisser le beurre à température ambiante sur le comptoir la veille.

- Dans une poêle adhésive, faire griller les amandes et les hacher au robot de cuisine.

- Mélanger délicatement les amandes, le beurre, le jus de citron, saler, poivrer et réserver à température ambiante.

- Bien éponger les filets de perchaude, saler et poivrer.

- Chauffer la friture la plus chaude possible. Saisir les filets de perchaude, 2 ou 3 à la fois, pendant 1 à 2 min. Les mettre ensuite sur une plaque avec du papier absorbant et réserver à l'entrée du four chaud. Répéter l'opération pour tous les filets de perchaude.

Galettes d'alose savoureuse meunière et polenta aux herbes

PRÉPARATION

L'alose savoureuse possède une chaire floconneuse de haute qualité. Par contre elle est munie de beaucoup... beaucoup de petites arêtes ; c'est pourquoi elle sera cuisinée sous forme de galette.

• Passer les filets d'alose au hachoir deux fois.

• Retirer les croûtes des tranches de pain et les tremper dans la crème et dans le persil puis repasser une troisième fois au hachoir. Passer au tamis, saler et poivrer au goût.

• Former des galettes de 120 à 150 g (4 à 5 oz), les fariner, puis les passer dans les jaunes d'œufs avec le lait et les amandes. Conserver au réfrigérateur.

• Pour la préparation de la polenta, porter l'eau à ébullition, ajouter l'huile. À l'aide d'un fouet, incorporer graduellement la farine de maïs en remuant constamment.

• Laisser cuire à feu très doux environ 15 min en mélangeant de temps à autre. Saler et poivrer au goût.

• Dans une poêle à fond épais, chauffer le beurre, le jus de citron et cuire doucement les galettes d'alose. Attention à la chaleur car les amandes grillées ne doivent pas noircir.

INGRÉDIENTS

- 450 g (16 oz) de filets d'alose savoureuse
- 4 tranches de pain blanc
- 175 ml (³/₄ tasse) de crème 35 %
- 25 g (³/₄ tasse) de persil, équeuté
- Sel et poivre du moulin
- Farine
- 2 jaunes d'œufs, battus
- 160 ml (²/₃ tasse) de lait
- 180 g (1 ¹/₂ tasse) d'amandes, hachées et grillées
- 500 ml (2 tasses) d'eau
- 1 c. à soupe d'huile d'olive
- 125 g (³/₄ tasse) de farine de maïs
- Sel et poivre du moulin
- 120 g (¹/₂ tasse) de beurre non salé
- Le jus d'un citron frais pressé
- 25 g (¹/₂ tasse) de ciboulette, ciselée
- 10 g (¹/₃ tasse) de pluches de cerfeuil

ÉQUIVALENT
Brochet, carpe, corégone, meunier.

SERVICE
Faire de belles quenelles de polenta au bord de chaque assiette, disposer les galettes puis verser le beurre noisette citronné, parsemer de ciboulette et de pluches de cerfeuil.

Filets de lotte au jus de carotte et aux pistils de safran

4 portions · Difficulté : 2 · Préparation : 15 min · Cuisson : 10 à 12 min

INGRÉDIENTS

- 2 carottes
- Sel et poivre blanc moulu
- Le jus de 2 oranges frais pressé
- Le jus d'un pamplemousse frais pressé
- 160 ml (²/₃ tasse) de vin blanc
- Une pincée de pistils de safran[1]
- 4 morceaux de filet de lotte de 180 g (6 oz)
- Farine de riz
- 240 g (8 oz) de graines de quinoa

ÉQUIVALENT
Morue, goberge, aiglefin, liev noir, brosme, loquette, merlan.

SERVICE
Au fond de chaque assiette, disposer les filets de lotte, napper avec la sauce et garnir de quinoa.

PRÉPARATION

Avec le poulamon, la lotte est le seul poisson d'eau douce qui fait partie de la même famille que la morue (gadidé). Sa chair floconneuse est d'excellente qualité.

- Extraire le jus des carottes à l'aide d'un extracteur. Saler et poivrer. Mettre le jus de carotte dans un plat, ajouter le jus d'orange, le jus de pamplemousse, le vin blanc, les pistils de safran et les quatre morceaux de lotte. Laisser macérer au moins 1 h.

- Dans une casserole, pocher la lotte à basse température 90 °C (120 °F) pour atteindre 68 °C (155 °F) à cœur. Retirer les morceaux de lotte et les garder au chaud. Lier le jus de cuisson avec la farine de riz. Rectifier l'assaisonnement.

- Pendant la cuisson de la lotte, cuire le quinoa environ 15 min ; une portion de graine de quinoa pour deux volumes d'eau.

INFORMATION
(1) **Safran :** Assaisonnement vendu dans le commerce sous la forme de pistils ou de poudre provenant d'une plante monocotylédone appelée généralement crocus. Il faut 28 000 crocus pour produire un kilo de safran.

Doré farci aux herbes et
cuit en papillote au barbecue

4 portions · Difficulté : 3 · Préparation : 25 min · Cuisson : 40 à 60 min

Cette recette peut s'adapter à un retour de pêche par sa praticité à se faire au coin du feu de braise dans le bois ou au barbecue, et l'hiver au coin du foyer.

• Conserver la tête et la queue du doré, garder la peau en écaillant. Retirer les arêtes par le ventre en prenant soin de bien garder les filets attachés. Saler et poivrer l'intérieur et l'extérieur, envelopper et réserver au réfrigérateur.

• Dans une poêle à fond épais, chauffer le beurre et faire fondre les herbes jusqu'à ce qu'il n'y ait plus d'humidité. Saler, poivrer et laisser refroidir.

• Dans une casserole, chauffer le vin blanc et la brunoise de légumes jusqu'à réduction à 90%, puis ajouter le fumet de poisson. Saler, poivrer et laisser refroidir.

• Bien beurrer le papier aluminium, disposer à plat le doré que vous aurez farci avec les herbes, bien fermer le papier en laissant une ouverture sur le dessus. Verser le fond de cuisson, refermer hermétiquement et cuire en respectant la cuisson du «poisson grillé». (voir Méthode de cuisson, p. 10). Le même respect de cuisson se fera au coin de la braise.

INGRÉDIENTS

- 1 doré de 1,2 à 1,8 kg (2 1/2 à 4 lb)
- Sel et poivre du moulin
- 80 g (1/3 tasse) de beurre non salé
- 50 g (1 tasse) d'oseille, ciselée
- 25 g (1/2 tasse) de ciboulette, ciselée
- 100 g (2 tasses) de feuilles d'épinard, ciselées
- 30 g (1 tasse) de feuilles de céleri, ciselées
- 25 g (3/4 tasse) de persil, ciselé
- 20 g (1/2 tasse) de cerfeuil, ciselé
- Sel et poivre du moulin
- 250 ml (1 tasse) de vin blanc
- 100 g (1 tasse) de brunoise de légumes
- 175 ml (3/4 tasse) de fumet de poisson (voir p. 12)
- 80 g (1/3 tasse) de beurre non salé
- 1 grande feuille de papier aluminium
- 4 pommes de terre

ÉQUIVALENT
Dorade, pageot, bar et bar d'Amérique, lavaret, fera.

Bibliographie

W. B. SCOTT ET A. H. LEIM. *Poissons de la côte Atlantique du Canada,* Office des recherches sur les Pêcheries du Canada, bulletin n° 155, 1972.

J. GOUSSET, G. TIXERANT, M. ROBLOT, C. HOLVOET ET J. JAMET. *Les produits de la pêche. Informations techniques des services vétérinaires français,* 2001.

JEAN-PAUL GRAPPE. *Poissons, mollusques et crustacés,* Montréal, Les Éditions de l'Homme, 1997.

Index

Index

Achevé d'imprimer au Canada
sur les presses de Quebecor World